杰出人物的青少年时代
［文库］

达尔文

张燕波——编著

中国青年出版社

Charles Darwin

查尔斯·罗伯特·达尔文
Charles Robert Darwin
1809年2月12日~1882年4月19日

英国博物学家、地质学家和生物学家，进化论的奠基人。他曾跟随"小猎犬"号军舰完成5年的环球航行，对南半球陆地和海洋中的动植物和地质结构等进行了大量的考察和标本采集工作。1859年他出版《物种起源》，提出了进化论学说，摧毁了"神创说""人类中心说""物种不变论"等固有理论。他的理论不仅在生物学、地质学层面揭示了自然界的科学发展规律，而且对社会学、人类学、心理学、哲学的发展都有不容忽视的影响。恩格斯将"进化论"列为19世纪自然科学的三大发现之一，对全人类发展做出了卓越的贡献。

前言

　　1859年11月24日清晨,伦敦城从冬日的寒夜中渐渐苏醒,教堂传出懒洋洋的钟声,貌似普通的一天开始了。可是当居民们走上街道,却发现本该冷清的书店门口人头攒动、喧闹非常。好事者凑到近前,听到他们正在热烈地讨论着……

　　"太神奇了,他说世间万物不是上帝创造的,一定要看个究竟!"学生模样的人兴奋地说道。

　　"胆大包天!倒要看看是什么异端邪说!"一袭黑袍的牧师激动得声音颤抖。

　　"他写的航海日志我是看过的,很精彩啊!"戴着礼帽的儒雅绅士流露出赞许。

"难以想象，我猜不出他怎么自圆其说。"满头银发的老学者摇着头。

"有点意思，说得我也想看看了。"路过的手艺人也加入了买书的队列。

书店开始发售，这本 502 页的著作定价 15 先令，首版印刷 1250 本。众人争相购买，不到半天工夫，新书被抢购一空。出版商看着火爆的场面，后悔不迭。有的人抢到书后，迫不及待地坐在路边，开始阅读。绿色的封面上写着——《依据自然选择的物种起源》（以下简称为《物种起源》）。

与此同时，该书的作者正坐在自家庄园外草地中的长椅上，而他的妻子则在屋里透过窗户关切地注视着他。她深知，在这世界上，只有她了解丈夫著书前经历了怎样的痛苦，也只有她明白等待丈夫的不是鲜花和荣誉，而是唇枪舌剑甚或是身败名裂。他裹着厚厚的大衣，双肘支在膝盖上，身子微微颤抖着，眼神空洞，目视前方，喃喃低语。他似乎在与人交谈，可面前却并无一人……

这本划时代的巨著《物种起源》，作者为查尔斯·达尔文（1809～1882）。提起书和作者，我们今天的读者应该不会陌生，也许还听说过达尔文环球航行的奇闻逸事以及他提出的进化论思想。但是，有多少人知道，他是怎么开始环球航行的？他是如何形成进化论思想的？《物种起源》在当时掀起了什么样的轩然大波？他在著书前后承受着怎样巨大的身心压力？达尔文究竟是个什么样的人？

带着这些疑问，让我们聚焦达尔文生命中的十个年份节点，探寻他的人生经历，一起走进巨匠的内心世界。

目录

前言

003 / 第一章　1817　顽童·神童
名医世家
顽童还是神童

019 / 第二章　1825　兄长·校长
寄宿中学
无用"浪子"

029 / 第三章　1828　医学·神学
学医爱丁堡
剑桥遇恩师

047 / 第四章　1832　舰长·黑奴
远航缘起
好事多磨
特内里费岛·圣地亚哥岛·巴伊亚
里约热内卢

073 / 第五章　1834　火地·冰川
　　　蒙得维的亚
　　　火地岛
　　　布兰卡港·布宜诺斯艾利斯·渴望港
　　　再探火地岛·福克兰岛·麦哲伦海峡

097 / 第六章　1835　象龟·地雀
　　　瓦尔帕莱索·智鲁岛·瓦尔迪维亚
　　　加拉帕戈斯群岛
　　　塔希提岛·新西兰·澳大利亚
　　　基林群岛·毛里求斯·好望角·圣赫勒拿岛
　　　阿森松岛·英格兰法尔茅斯港

123 / 第七章　1838　伦敦·唐恩
　　　崭露头角
　　　成家立业
　　　伦敦岁月
　　　迁居唐恩

141 / 第八章　1851　爱玛·安妮
　　理论与信仰
　　沙径与藤壶
　　珍妮与安妮
　　水疗与肺痨

167 / 第九章　1859　巨著·挚友
　　华莱士来信
　　莱尔与胡克
　　巨著诞生
　　风暴前夕

181 / 第十章　1860　论战·尾声
　　正反两方
　　牛津大辩论
　　步履不停
　　与世长辞

　　后记

科学就是整理事实,
以便从中得出普遍的规律或结论。

——

查尔斯·达尔文

我生来就是一个博物学家。

——

查尔斯·达尔文

第一章

1817

顽童・神童

1817 年夏某夜

芒特庄园

夜幕低垂,芒特庄园里一片寂静,家人和仆人们都已安然入睡。小达尔文轻轻推开房门,蹑手蹑脚地下楼,偷偷潜到花园后面的果园围墙外。尽管大门已上锁,他自有妙计。只见他从草丛里取出事先藏好的长木竿和空花盆,再把木竿的顶部穿进花盆底部的孔洞里,固定好,靠在围墙上。紧接着,他选了围墙外一棵大树,像小猴子一样噌噌几下就爬了上去,然后又抓着靠近围墙的树枝,敏捷地跳上了墙头。他稳稳地骑在墙头上,手里举着自制的"摘果神器",将花盆托住果树上熟透的果实,再用木竿头轻轻一敲,果子就掉落在花盆里。不一会儿,他已经收获了一大堆桃子和李子。等他在墙头上饱餐一顿后,就跳了下来,藏好工具,准备返回。可是想到那一堆果子带回房间会被家人发现,他眼珠一转、计上心来,就把果子都藏在墙下的草丛里。第二天,小达尔文一大早就跑出门去,片刻间惊慌失措地跑回来,衣服里包着一堆果子,大喊道:"有人偷咱们家的果子,被我发现了!"父亲和哥哥都一脸狐疑,姐姐们一个劲儿地夸他懂事,小妹妹一脸崇拜的神情,小达尔文一边嚼着果子,一边得意扬扬地描述着自己的"英雄事迹"……

名医世家

塞文河是大不列颠岛上最长的河流，它发源于威尔士中部的坎布里安山脉，一路蜿蜒向东，流经英格兰什罗普郡时绕过山丘形成了马蹄状的河套地区，其中孕育出了历史悠久的古城什鲁斯伯里。

城西北近郊塞文河畔的陡岸上，坐落着一幢漂亮的红砖建筑——芒特庄园。庄园主楼高三层，宽五开间，两侧配有附属建筑，包括诊室、厨房、储藏室、马车房、仆役房，还有一个玻璃花房和后院的果园。从楼上望下去，塞文河上的过往船只和河畔的美景尽收眼底。

庄园主人罗伯特·达尔文于1785年获荷兰莱顿大学医学博士，1787年来到什鲁斯伯里行医，1800年肇造此屋，作为住宅兼诊所。1809年2月12日，他的第五个孩子查尔斯·达尔文降生在这里。

查尔斯·达尔文出生于名医世家，他的祖父伊拉斯谟斯·达尔文是一位英国医学家、诗人、发明家、植物学家与生理学家。伊拉斯谟斯曾获医学博士、英国皇家学会会员，著有《植物园》《生物规律学》《植物学》等科学著作以及脍炙人口的长诗集《自然的庙堂》。他医术高超、博学多才，英王乔治三世慕名聘他担任御医，可他却婉拒了，只因不愿与王室贵族为伍。他的政治思想尤为开放、进步，支持法国大革命和美国独立战争，赞成普及公民投票权，痛恨殖民地奴隶制度。他在学术思想上反对当时的"神创论"，即世间万物皆由上帝创造，并在《动物生理学》一书中提出了物种进化的理念。

*
达尔文的祖父伊拉斯谟斯·达尔文（1731～1802）。

在达尔文出生前祖父已经过世，虽未曾谋面，但祖辈的政治和学术思想却得到了传承。

达尔文的父亲罗伯特·达尔文子承父业，同样是医学博士和皇家学会会员。他在 20 岁时，拿着父亲资助的 20 英镑只身来到什鲁斯伯里，在圣约翰山坡道上租房，开设诊所。由于他医术高超、乐善好施，很快就成为什鲁斯伯里远近闻名的良医。1796 年，罗伯特与苏珊娜·韦奇伍德成婚。1800 年，全家搬入新建的芒特庄园，夫妇二人共育有二子四女。

罗伯特医生身材高大魁梧，身高将近 1.9 米，体重超过 300 斤。他的事业从搬到什鲁斯伯里第一年就大获成功，一生行医超过 60 年。当时英国的医学还不能与当今的现代医学同日而语，医生们往往把不同病因造成的发热统统归为伤寒去诊治，也相信放血疗法包治百病，外科手术由于没有麻醉和消毒手段更是凶险万分。而罗伯特医生根据自己独特的观察和探索，形成了相对客观、科学的诊疗手段，在那个时代实属不易。通过越来越多的病愈患者口口相传，他在整个什罗普郡声名远播。

更可贵的是，他不仅拥有高超的医术，还有一颗医者仁心，在医治患者身体病痛的同时，注意给他们心灵上的抚慰，尤其是面对诸如妇女、老人、孩子那样的弱势群体。很多老人在描述病情时通常会臆想出各种各样、真真假假的病痛及其成因，罗伯特医生总能在纷乱的情形里抽丝剥茧，找出那些真正的病因加以治疗；小孩子的表述和认知能力都很低，所以生病时一般都很难准确地描述病痛的特征，他总会从孩子的角度沟通，引导他们逐渐讲述出病情；至于大多数妇女，总会在初诊时情绪激动甚至哭哭啼啼，罗伯特医生有时就会让她们索性大哭一场，在宣泄情绪后，就能平稳地进入诊断过程。在沟通过程中，很多患者都会流露出心理困扰，诸如事业、家庭、婚姻中的困难和矛盾，他都会在诊治身体疾病的同时对他们进行心理疏导，他相信这对患者病情是大有助益的。以今日的眼光看来，这无疑是很先进、很科学的诊疗手段，他不仅是技艺高超的内外科医生，还是充满仁爱的心理医生。

除了医学领域，罗伯特医生还有一项本领广受赞誉，就是识人之明。可能是出于医生对患者诊疗的经验所得，他对所有接触过的人，甚至是一面之缘的陌生人，通过察言观色，都能准确地判断出这个人的本质。他在这方面的很多事迹，至今仍在什鲁斯伯里引为美谈。有一次，一个当地的小厂主找到罗伯特医生寻求帮助，需要借款1万英镑渡过破产危机。这笔钱在当时可不是一个小数目，相当于如今的几十万英镑。罗伯特通过观察和判断毅然同意了，事后小厂主如数奉还钱款，也证明了医生识人不错。

这种出众的洞察力也让他远离恶人，从而避灾免祸。曾经有一个教士来到什鲁斯伯里，装扮为成功富有人士，在城里广泛结交、宴请往来，颇受当地人推崇。罗伯特医生也去拜访了，回家之后就对所有家人发出警告，禁止和那位教士打交道，更不允许邀请他来家做客。果不其然，几个月后，这位教士神秘失踪了，城里很多人都被骗了不少钱财。知情人都对医生的敏锐眼光大加赞赏。

*
达尔文的父亲罗伯特·达尔文(1766 ~ 1848)。

还有一件趣事让幼年的达尔文尤为印象深刻。有一次，一位陌生的爱尔兰绅士登门拜访，声称由于自己丢失了钱包，滞留于此地无法返回，要是等家乡寄钱来又浪费时间，可否暂借 20 英镑作路费，回到爱尔兰后即刻还钱。这种事在普通人看来很难伸出援手，毕竟是个异乡的陌生人，不可能轻信于人。可是罗伯特医生只是通过简短的交谈，便答应了那位绅士。爱尔兰人深表感激后离去。没过几天，一封来自爱尔兰的信件如约送到医生家，信中表达了谢意并写明"随信附上英国银行的纸币 20 英镑"，可奇怪的是，大家仔细翻找都没有找到任何钱币。家人们疑惑不已，都觉得被那个爱尔兰人骗了。小达尔文也困惑地问父亲是否动摇了当初的信心，可罗伯特医生微微一笑，表示仍然相信自己的判断力。谁知第二天，又收到那个人的第二封信，信中放着纸币并一再为自己的疏忽大意而道歉。罗伯特医生又笑了笑对小达尔文说："看来这真是一个诚实的'马大哈'！"

罗伯特医生待人宅心仁厚，对自己的孩子要求却很严格。小达尔文有三个姐姐、一个哥哥和一个妹妹，这六个孩子从幼年起都要接受日常起居生活的自理能力、待人接物的得体行为举止的训练，以及被父亲灌输基本的道德标准，无论哪一个孩子犯了错误都会遭到严厉训斥。小达尔文幼年时很调皮，所以对这个高大魁梧的严父多少有些畏惧之情。除了塑造孩子们基本的做人标准，罗伯特医生还着意培养他们的观察和动手能力。庄园兴建之初，罗伯特就亲手打造了花园和果园，栽种了众多花草树木，铺设了一条小路，直通到外面坡道的树林。

家里的孩子们，尤其是两个小男孩，都很喜欢亲近大自然，父亲经常带着兄弟俩在果园里采果捉虫，母亲带着女孩子们赏花野餐，一家人其乐融融。

小达尔文的母亲苏珊娜·韦奇伍德同样出身名门，其父乔赛亚·韦奇伍德是英国著名的陶艺设计师、企业家和英国皇家学会会员。他创办了乔赛亚·韦奇伍德父子陶瓷厂，出产的陶瓷制品享誉整个欧洲，受到不少皇室贵族的青睐。乔赛亚和达尔文的祖父伊拉斯谟斯是至交，也强烈反对海外殖民地的奴隶制度，并在自己的工厂制作了反奴隶制的陶瓷徽章。徽章的图案是一个手脚带镣、跪地哀鸣的黑奴形象，上面还印有一句口号"难道我不是你的人类兄弟吗？"达尔文家族和韦奇伍德家族世代交好，并有通婚的习惯。苏珊娜面容清秀、气质高雅，是典型的英国淑女，嫁给罗伯特·达尔文后，过着相夫教子的生活。

*
反奴隶制的陶瓷徽章——"难道我不是你的人类兄弟吗？"

达尔文和韦奇伍德这两个家族的优秀传统和高贵修养都在小达尔文身上烙下了深刻的印记,祖父先进的自然学术理念,外祖父鲜明的反对奴隶制思想,父亲待人处事的人生哲学和敏锐的洞察力,母亲的贤良淑德,都在潜移默化中塑造了达尔文一生的气质和性格。

1817年,也就是小达尔文8岁的时候,母亲苏珊娜因病去世。罗伯特·达尔文伤心不已,由于对亡妻的深爱,他终其一生都不曾续弦。由于怕罗伯特难过,家里人都避免提起苏珊娜,以致达尔文成年后对母亲的记忆十分模糊,印象里只记得她临终前的穿着和模样。

母亲去世后,二姐卡罗琳就担负起管教小达尔文的责任。因为没有母亲的照管,父亲又时常忙于诊所工作,小达尔文表现出了小孩子常有的调皮捣蛋的性格,时常会在家里、花园和果园里折腾个底朝天,卡罗琳的苦口婆心也无济于事。于是,父亲决定把小达尔文送去上学。

顽童还是神童

小达尔文上的小学是一所走读制的教会学校,地点就在离家不远的高街,校长是凯斯牧师。可想而知,天生顽皮好动的他对学校的教学内容完全不感兴趣。一放学,他就带着同龄的小伙伴们上树掏鸟蛋、下河钓小鱼。不过,可能是受到父母的影响,小小年纪的达尔文已经在生活中的一些细节里展现出了仁爱之心,每次掏鸟蛋他只掏一个,还会在和小伙伴们一起追打小狗后感到羞愧和自责。

*
达尔文（7岁）与妹妹凯瑟琳的画像。

这时的小达尔文还有一个不好的毛病，喜欢恶作剧，以此来引起小伙伴或者家人的关注。平日里，他经常会带着小伙伴到自家的花园去玩，仗着从家人那里学来的花木知识讲给他们听。有一次，他对一个小伙伴夸口说自己曾把各色颜料浇在多花水仙和报春花的植株上，培育出了五颜六色的花朵。这当然是小达尔文信口开河，有趣的是，他当时哄骗的小伙伴名叫莱顿，日后却成为著名的植物学家。

除了花园，小达尔文最喜欢自家的果园。由于果园大门平时都被父亲上了锁，他就自己发明了一个长木竿和空花盆的组合工具，趁人不注意时偷园里的果子。他自己饱了口福，还会经常分给小伙伴们，听着他们的恭维而扬扬得意。甚至有一次，他还上演了"监守自盗""贼喊捉贼"的戏码，真是个古灵精怪的小孩。

不过，平时喜欢捉弄别人的小达尔文，也被小伙伴狠狠地戏耍过一次。一日，同学加纳特带着小达尔文走进街上一家糕点店。只见加纳特随手拿起几块糕饼，没有付款，就大摇大摆地走出店门，美美地吃了起来。小达尔文很疑惑，随即询问原因。加纳特故作惊讶地说道："嗨，你还不知道啊，我的伯父去世时遗赠给城里居民一大笔钱，并约定只要有人戴着这顶旧帽子，按照特定的方式转动一下帽檐，那么这个人就可以随意取用每家店铺的货品，还不用付钱。"说着，他就抬起右手捏住帽檐向左一转。小达尔文顿时瞪大了眼睛，一副不可置信的样子。加纳特胸有成竹地补充道："不信你跟我来。"他领着小达尔文又走进一家店，同样取了一些点心，然后夸张地对着老板转动了一下帽檐，很自然地走了出来。这一下，不由得小达尔文不信了，崇拜地看着小伙伴和他手里的糕饼。加纳特指着一家店门，继续怂恿道："想不想试一试啊，看在你平时经常给我果子吃的分儿上，我就把帽子借给你。"小达尔文迫不及待地接过帽子戴上，忐忑地走进那家店。他取了不少自己爱吃的点心抱在手里，走到门口，面向老板自信地仰着头，腾出右手来学着加纳特的样子转动了一下帽檐，转身就走。谁知刚一出门没走几步，后面就传来店老板的喊声和急促的脚步声。小达尔文吓得赶忙扔掉手里的糕饼落荒而逃，身后的加纳特却在捂着肚子笑个不停。原来，加纳特家在这几家店购买商品都是先记账后结算的，当然不用当场付钱就能拿走糕饼。有了这一次教训，小达尔文再也不敢说大话和撒谎了。

小达尔文虽然有着超乎同龄孩子的顽皮淘气，但同时也有着他们没有的一些优秀素质，比如观察、思考和收集。他平时最喜欢玩耍的地方就是花园、果园以及庄园外的树林，在父亲和哥哥姐姐的指引下，认识了各种各样的花草树木的名称。而且他不仅认识，还会随之产生很多奇思妙想，诸如花朵的颜色是否能人为改变，不同的果树是否能通过嫁接生长出新品种的果实等。虽然这远远算不上科学研究，但对一个8岁的孩子来说，观察力和想象力都是难能可贵的。家人还经常会看到小达尔文背着小手在花园里或小路上一边散步、一边凝神苦思。甚至有一次，他走在一段破败的城墙上思考问题入了神，竟然失足掉了下来，可把家人都吓得不轻。有时在外面散步时遇到不认识的植物，他就采回去询问家人。如果家人都不知道，他就自己给那个新植物命名。由此，小达尔文自然而然地开始搜集一些植物的种子、叶子的标本，并爱上了收藏。除了植物，他还喜欢收集各种玩物，诸如贝壳、火漆封印（用于信件封口）、免资印纸（邮票的前身）、钱币和矿石。这些特质确实是天生的，小达尔文的哥哥姐姐们都没有这些特点和爱好，难怪达尔文在回忆录里形容自己："我天生就是一个博物学家。"

罗伯特医生虽然很鼓励小达尔文认识自然，也为小儿子聪颖机灵而欣慰，但还是苦恼于这个孩子在走读学校不务正业，回到家里也只知道四处疯玩，肯定会影响未来的前途。于是罗伯特决定送小达尔文去城里的寄宿中学，以便能专心学业。

*
达尔文出生的宅邸

017　第一章　1817　顽童·神童

只有无知者才会自信地断言，
科学永远不能解决任何问题。

——

查尔斯·达尔文

第二章

1825

兄长·校长

1825 年某日

芒特庄园

傍晚时分,达尔文还在自家花园里的小实验室里忘我地操作着化学实验。当他终于忙完,拍拍手准备收拾仪器的时候,歪头一看,窗外已经夕阳西下。他大叫"不好",来不及收拾了,赶忙冲出实验室,一路跑下庄园外的山坡,向学校飞奔而去。他一边没命地跑着,一边嘴里喊着"快呀快呀,上帝保佑",当他跑过塞文河上的大桥时,似乎听到了校长摇起的铃声,那意味着学校大门要关闭了。达尔文气喘吁吁、满头大汗地跑到校门口,只见校长背着手、满脸怒容地站在那儿等着他。校长怒不可遏地一把揪住达尔文的耳朵,把他拽到学校大厅里,召集了所有学生,准备狠狠地训斥这个逃学的孩子。

寄宿中学

在今天的什鲁斯伯里市图书馆外，竖立着一座达尔文的铜像，他悠闲而坐，膝头摊开一本书，目视前方。这座图书馆的前身就是200年前达尔文就读的寄宿中学。该校主要教授拉丁文和希腊文，以古典文学为主，辅以简单的古代地理和历史知识，是一所典型的老派文法中学。校长塞缪尔·布特勒先生40多岁，曾在著名的剑桥大学取得文学博士学位和牧师职位，精于古希腊文学诗歌，一副老学究做派，对学生们要求极其严苛。毫无疑问，这样的教学内容和死记硬背的学习方式，对喜欢自然科学的达尔文来说毫无吸引力，甚至有些抵触情绪。因此多年后，达尔文回忆起中学的学习生涯曾说道："那种教育方式的学校，对我来说，简直是空洞无物的地方。"唯一值得欣慰的是，达尔文的哥哥也在这所学校里。

哥哥伊拉斯谟斯·达尔文继承了祖父的名字，虽然只比达尔文年长4岁，但是他有着超乎同龄人的沉稳性格和好学精神，所以一直被小达尔文视为榜样。比起四个姐妹来，小达尔文自然更愿意做哥哥的"小跟班"。伊拉斯谟斯深受其父影响，不仅心地善良，思想明朗达观，也善于观察和思考，尤其热爱阅读。他的兴趣极其广泛，涉猎文学、艺术以及自然科学等。

达尔文到了寄宿中学后，每天都是枯燥的课程，也没法像在家里那样上树、下河、亲近大自然，所以就在哥哥的影响和推荐下，开始喜欢上了阅读。学校里的孩子们都流行阅读古希腊和当代诗人的诗作，并以自己作诗为荣。

可达尔文并不喜欢那些古老的颂诗，为了应付老师的检查只得跟着同学们每天背诵，实在枯燥乏味，还不如去读莎士比亚的作品。相较之下，他最钟情的，还是那些自然科学的书籍。

一次，达尔文偶然得到一本《世界奇迹》，书中描述了世界各地的自然和人造奇观。达尔文一下子就被那些千奇百怪的描述迷住了，幼年的他从那时起，就埋下了探寻未知的光怪陆离世界的种子。1819年，10岁的达尔文第一次出远门，到威尔士西部的海滨疗养胜地帕拉斯爱德华村旅游，为期3周。达尔文兴奋异常，吸引他的不仅有壮阔的大海，还有种类繁多、叫不出名字的昆虫，有黑底猩红色的大甲虫、大大小小的飞蛾和长相奇特的斑蝥，远比在什鲁斯伯里见过的多得多。于是他搜集了大量昆虫，并运用从哥哥那里学来的方法制作昆虫标本。而在他捕捉昆虫的时候，姐姐们都说为了做标本弄死昆虫不太人道，达尔文本就心地善良，也觉得此举有些残忍，随即开始四处搜集已死的昆虫来制作标本。

这次旅行可以说是达尔文探索自然界的发端，从此对各种动植物的观察、研究将伴随他的终生。旅行返家后，达尔文又读到了怀特牧师的著作《索尔本》，书中详细描述了南安普顿郡索尔本地区的自然历史、现状以及古迹，其中对各种鸟类的种类、发展史和习性的介绍令他颇感兴趣，随即开始观察身边看到的所有鸟类的样貌和习性。

达尔文醉心于大自然的生物时，却发现哥哥正在钻研一项秘密研究工作。

无用"浪子"

每当周末回到家里,达尔文都会发现哥哥总是在晚餐后就会一头扎进花园里的一间储藏室,而且通常会待到深夜,偶尔还会从窗户外边看到光亮或者听到异样的声响。达尔文缠着哥哥问个究竟,才知道他是在做化学实验。当时的英国乃至欧洲,自然科学发展方兴未艾,化学研究更是前沿学科,对年轻学子来说,奇妙的化学反应最具吸引力。哥哥伊拉斯谟斯也爱上了化学,于是把家里的储藏室改成了化学实验室,达尔文也就成了哥哥的实验助理。兄弟俩把所有的零花钱都用在了添置实验设备上,还不时找父亲赞助资金来扩充装置。

二人在实验室里最喜欢做的就是各种物质的成分分析,往往通过加热来研究金属、矿石等物质的变化反应。达尔文还在哥哥的推荐下阅读了当时著名化学家亨利和派克斯合著的《化学问答》,从中学到了很多基础化学知识。虽然最终达尔文没能成为一名化学家,但是幼年的科学实验经历,让他能以科学的眼光来看待大自然的一切物质,相信自己的观察与实验。

达尔文13岁那年,哥哥被父亲送到爱丁堡大学进修医学。从此,达尔文就继承了哥哥的实验室,开始独立做实验研究,还不时地通过书信和哥哥交流和分享心得。由于哥哥不在身边,姐妹们又不懂科学,达尔文就把自己的实验结果和学校里的小伙伴们分享。小伙伴们懵懵懂懂或者半信半疑的时候,达尔文就会拿着实验材料,偷偷地在学校里的煤气灯上加热,再讲解化学原理。因为用煤气灯做燃烧试验大都伴随着烟雾和气体的生成，所以孩子们都给达尔文起了个古怪的绰号"瓦斯"（煤气的意思）。

这段日子，他更加痴迷化学实验，感觉在学校里背诵那些古典诗歌就是浪费时间，于是就经常在早晨祈祷、点名后，溜出学校、跑回家里，做自己的实验，然后赶在傍晚学校关门之前返回。学校距离自己庄园大约3公里，每次一离开校门，他就如小鸟出笼一般一路小跑回家；而每到傍晚时分，也会奔跑着赶回学校，生怕回去晚了被校长发现而受责罚。

布特勒校长向来以古板和严厉著称，他一向要求学生们遵守校规，胆敢违反者轻则予以训斥，重则施以体罚。对于达尔文逃学的事，校长也逐渐有所耳闻，终于有一天，被他抓了个正着。

布特勒校长异常愤怒，一手拿着铃铛，一手揪着达尔文的耳朵，把他拽进了教学楼大厅，随即召集了所有学生，准备当众斥责这个顽皮的学生。

"同学们，这个叫查尔斯的学生，公然逃学，谁也不许和他学！"校长仍旧揪着达尔文的耳朵不放。

"先生，他不叫查尔斯，叫瓦斯！"孩子们一片哄笑。

"不好好学习功课，只知道逃学出去贪玩，成何体统？"校长继续训斥着。

"我没有贪玩，"达尔文挣脱校长的手，辩解道，"我是做化学实验呢！"

"什么化学实验？就是胡闹！"布特勒先生更加愤怒，"只有文学才是最高雅的学问！我教出的学生，都应该成为乔叟、拜伦和弥尔顿那样的诗人和哲学家！"

"可是，波义耳、戴维那样的化学家同样也很伟大啊。"达尔文一点不服输，小声嘀咕着。

校长气得无言以对，只得当着所有师生，狠狠地扔下一句"这孩子就是无可救药的浪子"，甩手而去。随后校长怒气未消，找到了达尔文的父亲说明原委。罗伯特医生对布特勒校长的严苛早有耳闻，也想借机给小儿子一个教训，就让达尔文暂时休学了。

可是没想到，不用上学的达尔文，反而如鱼得水，整天沉迷于实验室和大自然里，对师长眼中的正规学习完全不以为意。罗伯特医生开始苦口婆心地教导小儿子，反而激起了达尔文的逆反心理，他不愿听父亲的教诲，索性躲到舅舅家去。

达尔文的舅舅乔赛亚·韦奇伍德继承了其父的名字和陶瓷公司，居住在约50公里外的斯塔福德郡的美尔庄园。只因达尔文8岁丧母，所以舅舅、舅妈把他视如己出、疼爱有加，表哥表姐们也十分喜爱这个小表弟。乔赛亚是个难得的开明人士，从不拘泥于传统的英国绅士那种迂腐的思想，他一向看中达尔文身上的善良、活泼、机灵和爱思考的优点，不仅鼓励他按照自己的兴趣研究化学和自然，甚至经常带着达尔文到郊外骑马、打猎。达尔文一下子又迷上了打猎，通过刻苦练习，再加上他本就动手能力极强，很快就练就了一手好枪法。

罗伯特医生可气坏了，没想到小儿子放在身边反而更加肆无忌惮地疯玩。他把达尔文叫回家中，用极少见的严厉语气，一字一顿地说道："你只知道打鸟、养狗、

*

爱丁堡大学

抓老鼠，其余一概不会，将来必定一事无成，而且还会让家族蒙羞！"

达尔文被父亲的震怒惊呆了，一则他从没见过父亲发如此大的脾气，二则父亲对人的判断力可是远近闻名的。达尔文认真地思考这个问题，难道自己真的会是一个无用的浪子？祖父、父亲、外公、舅舅，这些长辈无一不是社会上的成功人士和家族中的顶梁柱，他相信自己也绝不会给家族丢脸。于是，达尔文决定洗心革面，既然不上学，那就帮助父亲做些力所能及的工作。

达尔文到父亲的诊所做起了见习护士的工作，凭着他敏锐的观察力、机灵的头脑，轻松地完成了诊所里的护理工作，同时，他一贯的耐心和善良很快就受到了患者们的一致赞扬。罗伯特医生看在眼里，也顿感欣慰，没想到小儿子也是做医生的好苗子。他自忖，此前已经把大儿子伊拉斯谟斯送到爱丁堡大学进修医学了，那么不如也把小儿子查尔斯送去一起学习，两兄弟还能做个伴，岂不是好事？

我之所以能在科学上成功,
最重要的一点就是对科学的热爱,
坚持长期探索。

——

查尔斯·达尔文

第三章

1828

医学・神学

1828 年某日

剑桥大学城外

正午时分,烈日炎炎,剑河边的树林里一片寂静,树叶都被晒蔫了,鸟儿也无精打采。达尔文背着包蹑手蹑脚走进树林,生怕惊动这里的小生灵。他先仔细地端详了一棵老树,接着小心翼翼地揭开一块朽坏的树皮。瞬间好几只甲虫受到了惊吓,四散奔逃。达尔文一只手按住一只头上长角的黑色甲虫,紧接着发现一只浑身琥珀色的甲虫,他眼疾手快地用另一只手捏住。正在此时,他一眼瞥到一只背上闪着荧光的稀有品种甲虫,正企图逃跑。情急之下,达尔文来不及多想,顺手就把手里的一只虫子塞在嘴里轻轻咬住,腾出手来去捉那第三只。突然,达尔文觉得舌头一阵剧痛,噗的一下吐出了那只虫子,赶忙扔掉虫子捂住嘴,原来嘴里那只甲虫为了保命喷出了灼热的毒液,烫伤了达尔文的舌头。这下,三只甲虫全部逃脱,达尔文大张着嘴,喘着粗气,一下跌坐在草地上。

学医爱丁堡

19世纪的英国富绅家族有这样的传统习俗，长子继承祖业，次子做牧师，其余的儿子可以参军或从事其他行业。达尔文的家族世代行医，而且代代都出名医，祖父曾经被皇室青睐，父亲也是远近闻名，所以长子伊拉斯谟斯顺理成章地被父亲送到了爱丁堡大学进修医学专业。罗伯特医生觉得小儿子也是学医的好苗子。于是在1825年10月，达尔文也追随哥哥的脚步，来到了这所大学。

爱丁堡是坐落在英伦三岛东海岸的福斯湾南侧的一座古城，15世纪时曾作为苏格兰的王都。18世纪，苏格兰并入英国版图后，爱丁堡成为享誉世界的文化学术中心，有"北方雅典"之称。达尔文第一次来到如此繁华的大都市，看着历史悠久的古堡，气势不凡的大学城，真是大开眼界。哥哥早已安排好住处并办理好入学手续，达尔文信心满满地开始了大学生涯。

爱丁堡大学始建于1583年，是英国名列前茅的大学，其中的医学院更是最好的医学教育机构之一。顶尖的大学，专业的学院，优雅的环境，家族的期望，这些有利条件都让达尔文立下了成为一名优秀医生的志向。在今天爱丁堡大学图书馆里保存的文物里，有大量达尔文当时购买的听课证，其中还有一张医院实习的观摩证，上面注明"永久有效"。足以看出，在刚入学的时候，达尔文抱有极其强烈的热情和信心。

可是，开学没多久，达尔文就意识到自己可能真的不适合医生这个职业。当时医学院的教学方法主要是"讲授法",也就是照本宣科,这种枯燥的方式在达尔文看来和自己阅读书籍没什么两样。由于之前和哥哥一起热衷于化学实验,所以达尔文对霍普教授的化学课十分感兴趣,除此之外的课程,他都毫无兴致。邓肯博士的药物学课,让人听得昏昏欲睡;蒙罗博士的解剖学课,不仅枯燥乏味,还给达尔文留下了阴影。

蒙罗教授祖孙三代都是爱丁堡大学医学院的解剖学教授,当年达尔文的祖父在此进修时就听过蒙罗祖父的课程。可谁知一代不如一代,如今的蒙罗教授完全没有了祖辈的医学造诣和教学能力,达尔文甚至发现他讲课时还在用他祖父的讲义。而在课堂上解剖尸体时,蒙罗教授举着生锈的解剖刀以及那肮脏不堪的解剖台,简直让达尔文作呕。从那时起,他就开始对解剖过程厌恶至极,所以关于解剖学的知识他知之甚少。

另外还有一件事,也加重了他对学习解剖的障碍。达尔文的大伯父年轻时也在爱丁堡大学医学院就读,他学习成绩出众,才华横溢,曾经被视为家族的希望。可谁知天妒英才,在一次解剖过程中,他意外被手术刀割伤,继而感染了败血症,年仅20岁就英年早逝。达尔文的父亲罗伯特随即继承了亡兄的遗志,才走上了行医的道路。为了纪念他,罗伯特就以他的名字查尔斯给自己的小儿子命名。这么看来,达尔文家族和爱丁堡大学可谓渊源颇深,可是达尔文偏偏就与医学无缘。他对解剖学的抵触,相当程度上影响了他未来在生物研究方面的实验分析能力,晚年的达尔文谈起自己的两项研究手段的短板就是解剖和绘画。

比起解剖课，更让达尔文崩溃的是观摩手术。当时的医学发展还远不及今天的先进水平，手术的设备简陋、环境恶劣，不具备科学的消毒手段，有不少患者死于医疗事故以及术后的感染。更要命的是，那时还没有发明麻醉剂，患者手术前为了减轻疼痛也只是喝一点烈酒。不难想象，那种痛苦不是一般人能承受的，而观摩这个过程同样是折磨。达尔文从小就心地善良，对于这种不人道的惨状更是不忍直视。达尔文观摩过两次糟糕的手术过程，尤其是一次给一个病童做外科手术，看着那个小孩子嘴里咬着纱布，撕心裂肺的惨呼，他不等手术结束就夺门而逃，并发誓从此再也不进手术室。可能从那时起，达尔文的从医之梦就此破灭了。

达尔文在爱丁堡大学的第一年学习经历无疑是很糟糕的。不过在此期间，也不是没有收获，对医学的厌恶反而让达尔文把兴趣点又转到了自己喜欢的博物学，并且结交了不少老师和朋友。

在达尔文就读的第二年，哥哥伊拉斯谟斯学满毕业，到剑桥大学继续读医学博士。达尔文变成了孤家寡人，他开始结交那些有共同爱好的朋友。这些同道中人有地质学家恩斯瓦斯，优秀的年轻植物学家哈代，还有两位喜欢钻研动物学的医生——科德斯特里姆和格兰特。达尔文通过和他们的交流丰富了对动植物学的认知，还经常和两位医生到海边采集动物标本。经过这些友人的引荐，达尔文加入了皇家医学会和普林尼学会，认识了更多的学者朋友，也拓展了他在自然科学领域的学识。普林尼学会是由大学生们组成的学术研究机构。1826年初，达尔文在普林尼学会上宣读了自己的第一篇关于藻苔虫研究的学术论文,让他有了莫大的成就感,也获得了与会师生的赞赏。

格兰特医生很欣赏这位比自己小十多岁的在校生,常常和达尔文探讨学术上的问题。在一次海边散步的时候,格兰特医生偶然提起了拉马克及其进化观点,大加赞赏。达尔文也很有兴致地讨论起来。他对进化的理论并不陌生,早在上大学前,他就熟读了祖父的著作《生物规律学》,其中也提到了生物进化的思想,祖父由此被称作"英国的拉马克"。拉马克是法国博物学家,他首先提出了"用进废退"这一生物性状的进化理论,并表示这种性状是可以遗传的。但是,这两位学者提出的进化理念都停留在假说和设想,并没有确切的生物学证据来支持,所以在当时的学术界并没有成为一种被广泛认可的理论。但自己祖父和拉马克的思想已经开始潜移默化地影响着达尔文,也正因该思想尚不成熟,才有日后达尔文通过自己的深入研究得出了影响人类世界的一系列伟大的生物学理论。

在达尔文结交的众多亦师亦友的人中,有一位十分特别,不得不提。一次偶然的机会,达尔文结识了旅行家瓦特顿,并拜读了他的著作《南美洲漫游记》。书中的异域奇妙经历让达尔文心驰神往,更让他感兴趣的还有瓦特顿带回来的奇异缤纷的鸟类标本。当得知这些标本都是随瓦特顿旅行南美洲的一位黑人朋友制作的,达尔文大感兴趣,当即表示想学这门手艺。经过瓦特顿介绍,达尔文见到了这位黑人朋友。

此人名叫约翰·埃德蒙斯通，家乡在南美洲圭亚那，从小被当作黑奴贩卖到英国，后来获得自由身，辗转来到爱丁堡，以给博物馆制作标本为生。埃德蒙斯通不仅制作标本手法精湛，还有着黑人天生的淳朴和乐观，而达尔文受到祖父和外祖父的思想熏陶，从来不歧视黑人，于是二人一拍即合。达尔文坚持要付钱给埃德蒙斯通学习制作标本的技艺，埃德蒙斯通也就倾囊而授。经过两个月的学习，达尔文很快就掌握了这项手艺。这次机缘巧合的学习，让达尔文终身受益，在日后的环球考察以及几十年生物研究中，他自己动手制作了数不清的各种动物标本。达尔文到了晚年，还经常提起这位黑人兄弟，充满感激之情。

　　达尔文在爱丁堡的学习看似不务正业，与从医的目标渐行渐远，可恰恰是这些源自兴趣的点滴积累，让他在各个方面都打下了基础，逐渐走上了成为博物学家的道路。在学校里的生活相当充实，到了假期，达尔文就会回家探亲，日子过得同样精彩。

　　一到暑假，达尔文就返回什鲁斯伯里，叫上三五好友，背上行囊，徒步穿越北威尔士山区；还有一次，他和最亲近的二姐卡罗琳骑马去旅行。到了深秋时节，达尔文就会开启他的打猎季。

　　达尔文经常到附近的伍德豪斯和欧文少校兄弟们一起打猎，欧文家是达尔文家族的世交。由于达尔文自小就练就了一手好枪法，所以每次打猎都收获颇丰，满载而归。一起打猎的朋友们都很嫉妒他，有时就在他举枪发射后，某个朋友就会大喊"请不要把这只鸟记在您的账上，我也开了枪"，然后佯作重新装弹。达尔文对朋友们的戏谑一笑了之，因为他很清楚自己的枪法，而且他有自己独特的记账方式。达尔文把一根线系在纽扣上，每次打中猎物后都会把线绳在纽扣上绕一圈，等活动结束后解开线圈时就能计数了。打完猎，他们就回到欧文家，和家人一起用捕获的野物美餐一顿。晚餐后，年轻人们还会点起篝火，唱歌跳舞。在此期间，达尔文还喜欢上了欧文少校的妹妹，美丽活泼的芳妮小姐。

除了这些消遣，达尔文在假期最喜欢去的地方就是舅舅家。每次回家乡，他都会到美尔庄园盘桓很长一段时间。他时而和表兄们骑马、打猎，时而和表姐们弹琴、唱歌、吟诗，时而和家人在古宅的门廊里喝下午茶，时而在优美的湖边独坐、看书。此外，达尔文最喜欢和舅舅乔赛亚聊天。他对这位舅父大人充满了依恋和崇拜，乔赛亚也对达尔文特别疼爱和欣赏。舅舅有时会和达尔文探讨自然科学、政治人文方面的话题，有时会带着达尔文与来访的名人雅士一起高谈阔论。在美尔庄园的每一天，都是惬意、悠闲而有意义的。

达尔文过得优哉游哉，父亲罗伯特又坐不住了。达尔文在和家里姐妹们谈天时透露了自己在爱丁堡大学的学习经历和抵触医学的想法，一来二去就传到了父亲的耳朵里。罗伯特医生还算开明，思来想去，觉得既然小儿子不是学医的料儿，那就退而求其次，让他做个乡村牧师也是不错的职业选择。

剑桥遇恩师

1828年初,达尔文被父亲送到了著名的剑桥大学基督学院,目的很明确——获得学位,以便毕业后成为一名牧师。达尔文开始第二段大学学业后,痛苦地发现,这里和当初寄宿中学的课程毫无二致。当时,他的哥哥伊拉斯谟斯也在剑桥大学读博士。在父亲的殷殷期望和哥哥的监督下,达尔文还是认真地学习了他极不喜欢的希腊文、拉丁文、古典文学、神学等课程,因为他知道不能再让老父亲失望了。达尔文后来果然不负众望,在3年后以优异的成绩获得了文学学士学位。

*
达尔文就读的剑桥大学基督学院

当然，除了那些必修的课程，剑桥大学还有不少公共课程，达尔文得以延续了他在爱丁堡大学时培养起来的博物学的兴趣方向。他不经意地选修了一门植物学课程，从而结识了在他求学过程中一位亦师亦友的重要人物——亨斯洛教授。

约翰·史蒂文斯·亨斯洛学识渊博，22岁就当选英国皇家学会会员，26岁成为剑桥大学矿物学教授，29岁成为植物学教授，是当时公认的青年才俊。他讲课时不仅生动、风趣，而且会在课堂上展示很多精美的动植物绘图。更难能可贵的是，亨斯洛教授经常在课下带领学生们到野外采集动植物标本，这种活动自然是达尔文极其感兴趣的。师生一行人，时而徒步在大学附近作短途考察，时而乘上马车到邻近的郡旅行，还会坐上大船顺流而下，探寻沿海的海洋生物。亨斯洛教授在自然科学领域的知识极其广博，在考察途中一边指导学生们采集标本，一边讲解当地的地质构造，旅行结束后还要把大家召集到自己家中聚会，交流各自心得。达尔文结交了很多志同道合的同学和学者，还增加了一个特殊的爱好——搜集甲虫。

达尔文对甲虫当然不陌生，从小也经常会捕捉虫子取乐，但自从他在亨斯洛教授指导下采集昆虫标本后，才惊叹于这小小的甲虫竟有如此繁多的种类和千奇百怪的外形以及有趣的生活习性。达尔文在课余时间经常和三五好友到大学城外的树林里采集甲虫，每每发现一个新品种的甲虫都会兴高采烈。树林里跑遍了，达尔文就到剑河上往来的货船里翻找，因为货船里铺垫的稻草里

*

约翰·史蒂文斯·亨斯洛（1796 ~ 1861）。

通常会藏有来自其他地方的甲虫。达尔文对甲虫的痴迷研究在同学们中间小有名气，当时一位同学还为他绘制了一幅名为"骑在巨型甲虫背上的达尔文"的漫画，画中的达尔文戴着圆礼帽、身着绅士礼服，骑在马一样大的巨型甲虫背上，左手勒缰绳、右手高举捕虫网，真是既风趣又传神。

达尔文不但从亨斯洛教授身上学到了丰富的自然科学知识和思想，同时也为他的优秀人品所折服。亨斯洛教授是虔诚的英国国教信徒，思想正统、待人谦和，一派传统英伦绅士风度，还有着一颗仁爱之心和强烈的正义感。有一次，达尔文和亨斯洛两人在剑桥市大街上散步时，目睹了一幕恐怖事件。有两名盗尸犯被抓获了，在警察的押解下前往监狱。谁知，突然冒出一群暴徒，从警察手里把盗尸犯抢出来，疯狂地殴打，还拽着那两人的脚在泥泞中拖行，并投掷石块。在当时的英国，盗尸犯是一种见不得光的地下职业，他们往往偷偷挖掘刚下葬不久的尸体，卖给医学院做研究使用。虽然这种职业受到老百姓的痛恨，但罪不至死。亨斯洛目睹这惨烈的一幕，就在两名罪犯奄奄一息之时，大吼一声冲进人群中。他几次试图解救出罪犯，但没有成功。于是亨斯洛一边往市政厅跑，一边让达尔文去警局求救兵。最终，二人的努力没有白费，盗尸犯在警察的帮助下保住了自己的小命。

慢慢地，达尔文和亨斯洛两人不仅是师生关系，也成为志同道合、脾气相投的好朋友。他们一起去郊外采风，一起在聚会上畅谈，更多的时候就是在校园里边散步边交流。剑桥大学里的师生们几乎都见过他们两人散步的身影，以至不熟悉达尔文的人就把他称作"那个同亨斯洛教授散步的人"。

亨斯洛教授比达尔文年长13岁，学识也高出很多，他敏锐地看出达尔文在自然科学尤其是博物学领域有突出的天赋，于是就着意培养达尔文向博物学方向发展。在亨斯洛的引导下，达尔文开始阅读很多有关博物学的书籍，其中对他影响最大的有两部，赫歇尔的《自然哲学研究入门》和洪堡的《南美洲旅行记》。

约翰·赫歇尔爵士，是英国著名的天文学家威廉·赫歇尔之子，也是一位青年天文学家，同时还是达尔文的剑桥大学校友。他不仅在天文学上造诣颇深，还对地质学有所涉猎，对宇宙中的运行法则和地球上生物物种形成的自然法则同样感兴趣。《自然哲学研究入门》是他写的一部通俗哲学读物，书中阐述了他的自然哲学观，他认为自然科学才是世界上的真理，并指出，"凡属真理，绝不会相互抵触，地质学既不能妨碍圣经的真理，摩西的宇宙论也断无伤于地质学原理。"这本书对达尔文的自然哲学观大有启发，他还从没有意识到自己研究多年的自然科学和人们笃信的宗教会有如此大的矛盾，而这种矛盾将会纠缠他一生。

《南美洲旅行记》则是德国旅行家、博物学家亚历山大·冯·洪堡的一部30卷的皇皇巨著，其中记录了作者于1799～1804年到南美洲考察的探险经历。达尔文从图书馆借得此书后，反复读了很多遍，手不释卷。书中描述的南美洲的异域奇景、风土人情和种类新奇繁多的

*
约翰·弗里德里希·威廉·赫歇尔(1792~1871)。

*

亚历山大·冯·洪堡（1769～1859）。

动植物，比此前他读过的瓦特顿的《南美洲漫游记》和黑人埃德蒙斯通的讲述还要丰富多彩。尤其是书中好几段对大西洋加那利群岛中的特内里费岛的描述让达尔文读得如醉如痴，心向往之。他把这些内容都抄录下来，反复欣赏。在一次和亨斯洛及朋友们的乡间旅行中，大家坐在山坡上小憩，达尔文兴奋地讲起了书中那些段落。他绘声绘色地讲述着特内里费岛一年四季的缤纷色彩，温暖的热带气候，以及壮丽的泰德峰火山口。同行的人们听得聚精会神，如临其境。那一刻，夕阳洒在这群年轻人意气风发的脸上，他们纷纷表示有生之年一定要去一次书中描绘的人间仙境，达尔文同样也埋下了远行探险的种子。

除了上述两部著作，亨斯洛还鼓励达尔文阅读有关地质学的书籍，同时还把他推荐给了剑桥大学的地质学教授亚当·塞奇威克。塞奇威克是伦敦地质学会主席，多年来致力于地质学研究，常年进行野外地质考察，根据地质层的化石和土质来判定历史年代。达尔文结识塞奇威克不久，在剑桥大学毕业前的暑假，便有幸参与了一项北威尔士地区的地质考察项目。

出发前一晚，达尔文请教塞奇威克一个问题。有一次，达尔文在什鲁斯伯里附近考察一个古代的砾石坑，听闻一名工人发现了一个热带地区才有的大涡螺的贝壳。塞奇威克当即表示此事不可信，并断定是工人故弄玄虚，是自己把贝壳扔进坑里的。他的理由很简单，英格兰中部的地下沉积层不可能出现热带软体动物的贝壳化石。如果这是真的，那么塞奇威克和同人们此前对英国各个地区的地质层判断都将被颠覆。达尔文将信将疑，他对地质学知之尚浅，不过日后证明，塞奇威克判断有误。

第二天一早，二人动身前往北威士山区开始考察。这次旅行，达尔文学到了很多地质学勘探的方法，了解了如何采取岩石、土质样品，判定一个地区的地质状况。达尔文在当时还不曾想到，他学到的地质学上的知识会成为未来帮助他构建物种进化理论的重要一环。他更不会想到，固执的塞奇威克教授未来会成为他在学术领域的一大劲敌。

短期的考察旅行结束后，达尔文辞别塞奇威克教授，回到什鲁斯伯里。一到家，达尔文就收到了一封亨斯洛教授的来信。教授在信中提及英国政府将派遣"小猎犬"号（也译作"贝格尔"号）军舰赴南美洲做一次科学考察，舰长菲茨罗伊需要一名博物学家同行，亨斯洛随即推荐了达尔文，并强调"此次航行将耗时两年，你将会有很多自由考察的机会。总之，对于一个志存高远的人，我想再也没有比这更好的机会了"。

达尔文看后自然兴奋异常，南美洲一直是他的梦想之地，如此机会实在难得。不过，当时的达尔文也只是把这次机会当作是一次较长的大学毕业旅行而已。殊不知，这次环球考察之旅，即将改变达尔文的一生，也将改变整个人类社会的自然科学进程。

我必须承认,
幸运喜欢照顾勇敢的人。

——

查尔斯·达尔文

第四章

1832

舰长·黑奴

1832年2月

巴伊亚

达尔文在城里转了一整天,拜访了一位大庄园主,傍晚返回"小猎犬"号。他走进舰长的房间,把白天的见闻讲述给菲茨罗伊,最后达尔文略带愤慨地补充道:"唯一遗憾的是,这里的奴隶还不如热带雨林里的动物活得快乐!"菲茨罗伊合上手里的书,惊讶地看着达尔文,不解地说道:"你怎么会这么想?我拜访过一位庄园主朋友,他在询问那些奴隶是否快乐、是否愿意恢复自由身的时候,得到了异口同声的回答'快乐!不愿意!'"达尔文呵呵地冷笑几声,盯着舰长的双眼说道:"难道您真的觉得那些奴隶当着主人的表态是可信的吗?"菲茨罗伊顿时感觉被嘲笑了,他矍地一下站起身,把那本书重重地拍在桌子上,怒喝道:"达尔文先生,我觉得你没必要再待在舰上了!"

远航缘起

15 世纪，随着造船和航海技术的飞速发展，欧洲列强纷纷派出船队探索未知的大陆，引发了史称"地理大发现"的"大航海时代"。

1492～1504 年，在西班牙国王资助下，意大利航海家哥伦布完成了四次远航，发现了美洲大陆，开辟了横渡大西洋到美洲的航路。1498 年，葡萄牙航海家达·伽马在印度西南部登陆，开辟了从欧洲绕好望角到印度的航路。1519 年，葡萄牙人麦哲伦在西班牙国王的支持下，开始环球航行。虽然麦哲伦在 1521 年死于菲律宾群岛的部落冲突中，但他的船队最终完成了伟大的环球之旅。在地理学方面，人类刷新了对地球陆地和海洋分布的认知。

由于众多新大陆的发现，欧洲各国开始了殖民竞赛。伴随着血腥杀戮和强权殖民，非洲黑人奴隶被贩卖到新大陆，而新大陆上的木材、香料、贵金属，源源不断地运回欧洲。开拓者们赚取了巨量财富，西班牙也成为当时的海上霸主，四处扩张殖民统治。

1588 年，英国皇家海军在海盗出身的德雷克率领下，击败了不可一世的西班牙无敌舰队。随着后续一系列战争的胜利，英国取代西班牙成为新的海上霸主，也迅速接管了西班牙在非洲、美洲和亚洲各地的殖民地。1768～1779 年，库克船长通过三次远航，在英国殖民地的版图上添加了新西兰、澳大利亚和夏威夷群岛。英国的霸主地位已经确立，殖民地遍布全球，一时号称"日不落帝国"。

1775～1783年，由于不堪英国殖民者的残酷统治，北美大陆爆发了独立战争，最终宣布独立，成立美利坚合众国。英国在北美大陆的殖民利益严重受损，于是寻求新的海外殖民扩张机会。19世纪上半叶，英国政府派遣舰船四处探险、勘查测量，主要工作内容是经度的准确测定、海岸线绘制以及港口和暗礁的深度测量等，以便能发现未被开发的大陆和保障海上通路的顺畅安全。

1826年，英国皇家海军"小猎犬"号和"探险"号军舰受命勘探南美洲海岸线以及太平洋岛屿。1828年，"小猎犬"号行至南美洲大陆南端的麦哲伦海峡的饥荒港（也译作蓬塔阿雷纳斯港），舰长斯托克斯难以承受长期航海的艰辛和身心寂寞的压抑，饮弹自尽。舰上的见习军官菲茨罗伊临危受命，带领"小猎犬"号顺利返航。1831年，该勘测计划重启，菲茨罗伊在筹备远航前，想到了前任舰长的悲惨结局，于是决定要找一位年轻的博物学家同行，既能排解漫长旅途的寂寞，也利于科学考察工作。他求助于剑桥大学的一位科学家皮科克，皮科克推荐了同在剑桥的地质学家亨斯洛。亨斯洛虽然乐于此行，但不巧的是妻子正在患病，自己无法脱身，于是自然而然地想到了得意门生达尔文。

好事多磨

达尔文收到亨斯洛教授的推荐信，没有丝毫犹豫，即刻就要回信，恨不得马上出发。可是他的父亲得知后，却当头泼了一盆冷水。老医生以其一贯的审慎，一口气说出了一大堆反对的理由：达尔文即将成为牧师，混迹军旅有失身份；没有航海经验，时间太过仓促；舰长一定在此前找过别人，无人愿去才找到达尔文；海洋航行和未知大陆比想象中凶险；两年以后返航回来，也许做不成牧师了；等等。

父亲的态度决绝，不容争辩，达尔文也不敢违抗。而且，亨斯洛的信中说明这次随舰考察的机会只是舰长腾出一个舱位，旅途费用是自理的。没有父亲的支持，达尔文是无力支付那一大笔钱的。达尔文十分沮丧，心有不甘。老医生最后说了一句："别有任何妄想，除非你能找一位有见识的人来说服我！"

第二天，达尔文思来想去，无计可施，只得回信给亨斯洛谢绝了他的好意。然后，他悻悻地扛上猎枪、骑上马，去舅舅家散散心。一到美尔庄园，达尔文就把枪一扔，坐在客厅里生闷气，一点打猎的兴趣都提不起来。乔赛亚舅舅很诧异，问清原委后，没想到他比达尔文还要兴奋。"千载难逢的好机会啊！"他一拍大腿说道，"这个顽固的胖医生！"达尔文不得不说出了父亲列出的众多反对理由。舅舅仔细地听完，哈哈大笑道："这个好办，我给他写封信，看我怎么驳斥他。"接着乔赛亚铺开信纸，逐条反驳了罗伯特医生：参加科学考察不是掉身价的事，相反是一种难得的荣誉；达尔文没有航海经验，可是那些海军官兵都身经百战；这样的机会肯定是很多学者梦寐以求的；英国海军的军舰值得信赖，安全无忧；远航之旅并不妨碍达尔文未来的职业，反而增加见识；等等。舅舅写完，拍着达尔文的肩膀，信誓旦旦地说道："你就放心吧,明天一早就派人把信送过去,肯定能说服他。"

次日上午,舅舅带着达尔文骑上马去森林里打猎。可是,达尔文心里一直牵挂着远航的事,哪有心思打猎呢?乔赛亚是个急性子,看到达尔文心事重重的样子,一拨马头说道:"不打猎了,走,我亲自去一趟你家!"达尔文喜出望外。两匹马奔向什鲁斯伯里。

甥舅二人一进芒特庄园,就看到罗伯特医生正在书桌后读信。不等他们开口,老医生摘下眼镜,开玩笑地说道:"查尔斯,这位先生就是你找来的有见识的人吗?"乔赛亚也笑了。达尔文先是愣了一下,迅疾反应过来,惊喜道:"啊?哦!是是是!"原来,他父亲刚读完信,就已经改变了主意。达尔文趁热打铁,马上表示:"谢谢父亲,上船以后,我会注意安全,也绝不会乱花钱的。"老医生打趣道:"但愿吧,我可是听人说你花起钱来大手大脚呢!"

达尔文送走舅舅后,一晚上兴奋得睡不着觉。次日凌晨,他跳上马车向剑桥奔去。9月2日傍晚,达尔文风尘仆仆地出现在亨斯洛教授面前。恩师很是惊诧,听完达尔文的解释,他面露为难之色。原来,亨斯洛收到达尔文的回信后,已经告知舰长菲茨罗伊另请高明了。达尔文心情跌倒了谷底,这几天经历了好几次希望和失望的反复折磨,他自忖,难道这就是命运的捉弄吗?思来想去,达尔文决定不屈服命运的安排,一定要再争取一次,即使注定与远航失之交臂,也要和舰长见上一面。辞别恩师亨斯洛,达尔文奔向伦敦。

9月3日,达尔文走进伦敦的英国海军部,求见舰长。

罗伯特·菲茨罗伊身材不高,皮肤黝黑,鼻梁高挺,身着漂亮的海军军官服,一副军人的英武气质和绅士的优雅风度,微笑着起身迎接。

"达尔文先生吗?"菲茨罗伊爽快地伸出手,问道,"你和伊拉斯谟斯·达尔文是什么关系?"

"他是我爷爷。"达尔文感觉到舰长的手非常有力。

"幸会幸会,原来是大诗人的孙子!"菲茨罗伊爽朗地笑起来。

这个开场白让达尔文瞬间放松了,他对这个直率的舰长极有好感,随即不再客套,直奔主题。

"舰长,我听亨斯洛教授说,随船的名额已经被您许诺给一位朋友了,不知……"

"是的。"菲茨罗伊示意达尔文就座,转身取出烟斗,不紧不慢地吸起来。

达尔文暗自叹了口气,看来没什么希望了,一时也不知该聊些什么。

"不过,"舰长意味深长地打量着达尔文,说道,"那个朋友就在几分钟前拒绝了我的邀请。"

达尔文不敢相信自己的耳朵,噌地一下站起身来。

"不知道达尔文先生愿不愿意和我一起去冒险呢?"菲茨罗伊微笑着,明知故问道。

"愿意!当然愿意!"达尔文冲上来一把握住舰长的手,生怕机会从指间溜走。

"很好。但是,有些话我要讲在前面。"菲茨罗伊收起了笑容,恢复了军人本色,详细谈起远航的条件,"此次航行将历时两年,甚至是三年。舰上条件艰苦,空间

*
罗伯特·菲茨罗伊(1805 ~ 1865)。

拥挤、伙食简单，没有床也没有葡萄酒！另外，伙食费和科研考察等相关费用需要你支付500英镑，能接受吗？"

"没问题！"达尔文脱口而出，甚至没听清舰长说的内容。

菲茨罗伊轻轻一笑，随即又开始仔细地端详起达尔文的面孔，莫名其妙地补充道："我还可以承诺，你不算舰上正规编制，随时随地可以选择返回家乡或者留在某个你中意的地方。"

"您多虑了。"达尔文没有注意到舰长流露出一丝隐约的疑虑。

菲茨罗伊有些欲言又止，随之换了话题。他很坦诚地说明了找人陪同远航的一部分原因是因为前任舰长的悲惨结局，自己不想重蹈覆辙。要知道，在舰上，长官要树立威信才能在漫长的航行中令行禁止，所以他们会刻意与士兵保持距离，不过多沟通，不说笑，甚至不在一起吃饭。于是，菲茨罗伊才想到找一个年龄相仿、有学识的博物学家为伴，排解漫漫旅途的无尽寂寞。达尔文对舰长的坦诚既敬佩又感激，义无反顾地强调了自己的决心。

"那么，我就代表英国皇家海军欢迎你加入'小猎犬'号远航！"菲茨罗伊再一次郑重地伸出了手。两个年轻人双手紧握，惺惺相惜。

随后的几天里，二人在伦敦城里为远航做准备工作。菲茨罗伊只是购买了一些书籍、气压计和防身武器。达尔文则始终处于兴奋状态，他买了望远镜、手枪和来复枪，还给家里的姐姐去信，请她把衣物、鞋帽、书籍、显微镜以及地质勘查需用的一些装备寄来。

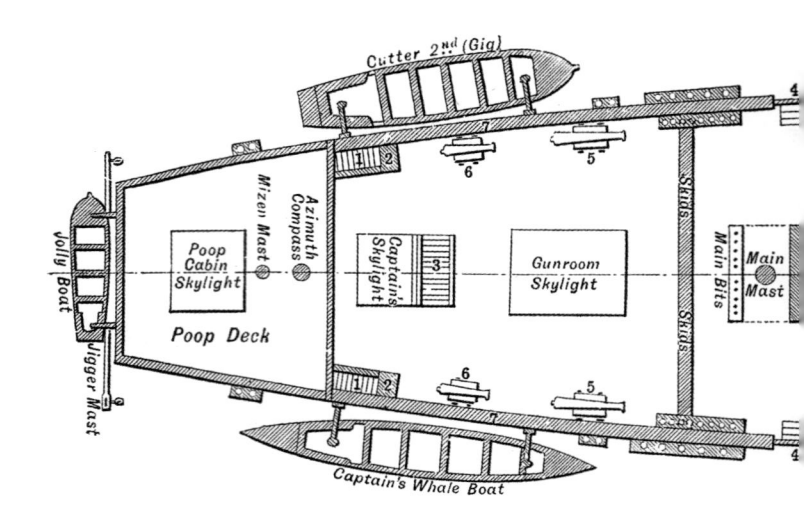

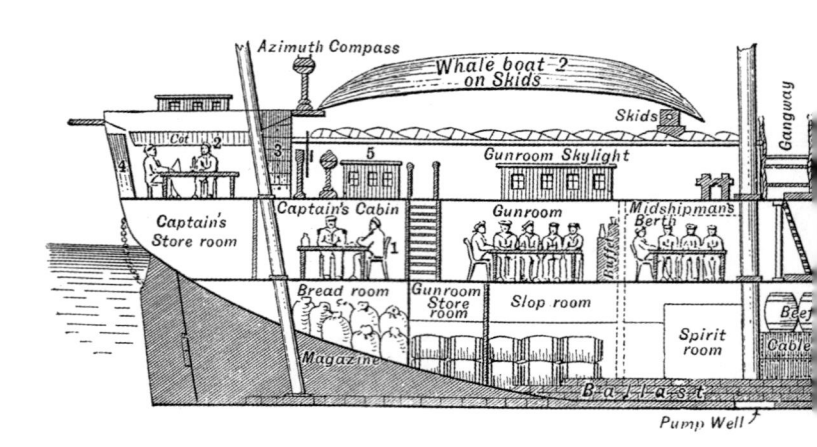

"小猎犬"号结构图。

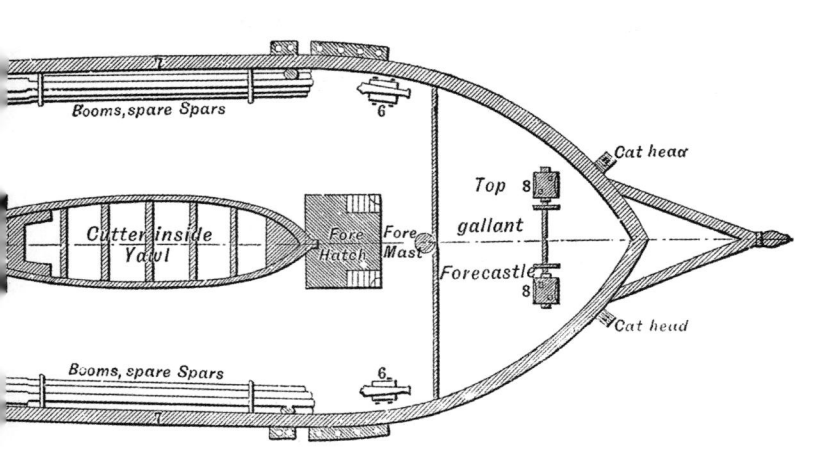

Booms, spare Spars

Cutter inside Yawl

Fore Hatch

Fore Mast

6

Top gallant Forecastle

8

8

Cat head

Cat head

Booms, spare Spars

6

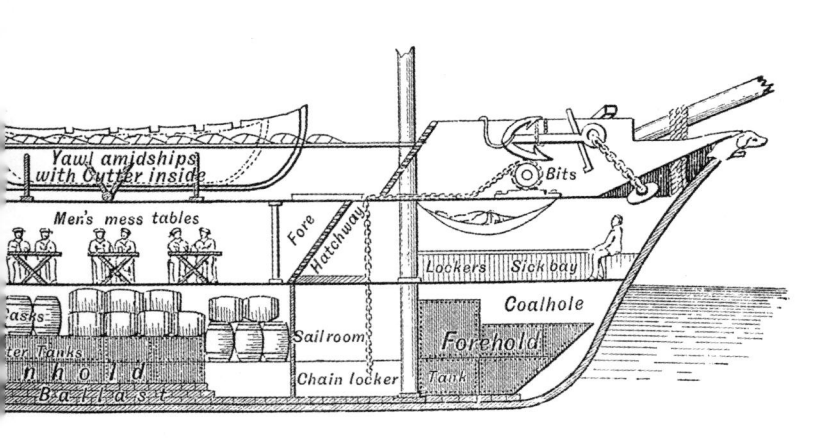

Yawl amidships with Cutter inside

Men's mess tables

Fore Hatchway

Bits

Lockers   Sick bay

casks

Coalhole

er Tanks

Sail room

Forehold

n hold

Chain locker

Tank

Ballast

9月11日,舰长带领达尔文赶赴普利茅斯的德文港参观"小猎犬"号。3天后,他们到达了港口里的造船厂,看到了正在维修中的军舰。达尔文看到"小猎犬"号的时候,颇觉没有想象中那么庞大。菲茨罗伊带领他登上军舰,给他详细地讲解了该舰的构造特点和人员构成。

"小猎犬"号是一艘配备10门火炮的双桅帆船,已服役11年。这次出航前,军方对该舰进行了一番改造,添加桅杆、更换甲板、加固舰底,增设先进的测量、操控、武器装备。"小猎犬"号焕然一新,整装待发。该舰长28米,最宽处7米,排水量仅235吨,船身很小巧,船舱就更加局促。此次出航全员共73人,主要包括军官、水手、医生、绘图员、会计、侍从、传教士等,另有3名南美洲土著人和菲茨罗伊雇用的1位画师。

菲茨罗伊领着达尔文来到舰尾的尾楼舱。这里只有3米见方,仅仅摆放着1张海图桌、3把小椅子。这就是未来几年达尔文工作和休息的地方,狭小得进门要弯腰、睡觉用吊床。即便这么小的房间,达尔文还要和两位室友同住,一位测量员和一名年幼的海军军校生。菲茨罗伊拍了拍达尔文的肩膀说道:"这里将是你的新家了,好好享受吧。"

"小猎犬"号计划于10月10日起航。达尔文暂别了菲茨罗伊,赶回剑桥大学,辞别恩师亨斯洛。亨斯洛为达尔文得到远航考察机会欣慰不已,并且细心地和他一起探讨海外工作的细节和注意事项,还一再叮嘱达尔文要把途中采集到的动植物、矿石标本妥善寄回,以备将来的研究之用。临别时,亨斯洛还送给达尔文一件礼物——洪堡的《南美洲旅行记》。达尔文感激之情溢于言表,这位教授对他来说真是亦师亦友亦恩人。

9月22日,达尔文回到了什鲁斯伯里的芒特庄园,与家人作别。哥哥和姐妹们都抓住这仅有的几天时间,千叮咛万嘱咐,要达尔文注意安全、时常回信。父亲和舅舅则远远地坐着交谈,不时欣慰地看着孩子们。离家的日子到了,达尔文与家人一一拥抱告别。罗伯特医生并不多言,也没有感伤,只是上上下下端详着达尔文。眼前的小儿子,虽一脸青涩,眼神中却充满希望和梦想。身材魁梧的老医生一把将达尔文揽入怀中,说道:"出发吧孩子,一路保重!"

10月2日,达尔文赶到伦敦。他要用仅有的几天时间再做些准备。达尔文找到了亨斯洛教授引荐的几位专家,请教了一些标本制作、野外生存、物品保存的方法。没想到的是,起航的日期由于军舰整修进度未完而延迟。达尔文获悉起航日期改定在11月4日,于是等到了10月24日,他赶到了普利茅斯德文港。出发当天,万事俱备只欠东风。可是东风不见,等来的是猛烈的南风,船只无法出港。

接下来的日子,天公不作美,"小猎犬"号起航日期一拖再拖。达尔文在旅馆苦苦等待,最初的兴奋变成了汹涌而来的焦虑。他不断思虑着与家人的分离之苦,未来旅程的不可预料,起航的日期不定,种种想法淤积在心里。他开始不时地感觉到心悸和胸痛,甚至怀疑自己得了心脏病。但他又不敢去看医生,生怕被舰长知道而失去远航的机会。以今天的医学眼光来审视,达尔文当时很可能患上了焦虑症，并产生了明显的躯体症状。虽然他并没有在意，可是这个病症将会在他的余生中，不时地出现，尤其是在他身心压力最大的时候，就会冒出来折磨他。

滞留普利茅斯的日子里，达尔文用阅读和写信来缓解焦虑。他给亨斯洛教授写了一封饱含深情的告别信，感谢了恩师多年来的教诲和关怀，并期待胜利返航后继续共同研究科学。而在此期间，达尔文也收到了自己心仪女孩的告别信。来自伍德豪斯的芳妮小姐，在信中怀念着他们一同在欧文家庄园的美好经历，达尔文也回信说明了难舍之情。

12月10日，"小猎犬"号起锚出发。哥哥伊拉斯谟斯特地赶来送行，并一直送到舰上，依依惜别。不曾想，军舰驶出港口不久，遇到了大风浪，只得驶回港湾。一直等到12月21日，天气终于转好，菲茨罗伊下令起航。"小猎犬"号出港没多远，意外搁浅，只得再次返港。

达尔文的焦虑越发厉害了。此前，他还把这次远航当作是难度稍大的毕业旅行而已。就算对未知的旅途有一定思想准备，但他没想到，从接到亨斯洛教授那封信开始，事情的发展一波三折、跌宕起伏，仅仅是起航就要面对不可预料的重重困难，又何况那浩瀚的大洋和荒蛮的大陆呢？不过，达尔文知道，即使未来再凶险，自己绝不会退缩，因为他绝不愿意让家人、亲友和恩师失望。

12月27日上午11时，"小猎犬"号冲出德文港，终于扬帆起航。菲茨罗伊立于舰头，意气风发地望着前方。这一次远航任务艰巨、前途未卜，为了国家的利益、军人的荣耀、家族的辉煌,他义无反顾。达尔文靠在船尾,回望国土。此一去,充满未知和希冀,想到离别的家人亲朋、恩师好友,他心怀不舍。两个年轻人此刻不曾想到,这一次旅行,开启了他们各自人生历程的伟大篇章。他们更不会预料到,这次远航,同时也把二人紧紧地捆绑在一起,有欢乐也有痛苦,有冲突也有欣赏,一路互相扶持,余生彼此纠缠。这一年,菲茨罗伊26岁,达尔文22岁。

特内里费岛·圣地亚哥岛·巴伊亚

"小猎犬"号乘风破浪,穿越英吉利海峡,驶入波涛汹涌的大西洋。军舰在比斯开湾的巨浪中颠簸不停,达尔文在远航之始就遇到了一个意料之外的大麻烦——晕船。起初他并没有太过在意,水手们也告诉他适应几天就好了。可他的晕船症状来得异常汹涌猛烈,而且随着时间的推移并没有彻底改善,甚至伴随了他的整个环球航海之旅。

波涛汹涌的时候,达尔文的胃里也是翻江倒海一般,他头晕、呕吐、吃不下饭,无法从事任何工作,连站都站不住。此时,达尔文才明白,环球航行远没有想象中简单。但他也意识到从踏上军舰那天起,就如同上了战场,没有退缩的机会。达尔文强忍着巨大的痛苦,不让舰上的同人们看出他不舒服,实在吃不下食物时就偷偷嚼几粒葡萄干。

舰长菲茨罗伊看在眼里,给予了热心的关怀。他把达尔文拉回船舱,亲手帮他绑好吊床,嘱咐他晕船的时候躺下来会舒服很多。菲茨罗伊还拿来一本英国著名地质学家查尔斯·莱尔的《地质学原理》塞到达尔文手里，说道："难受的时候就看看书吧，能让你静下心来，我也相信这本书对你的研究有帮助。"

"谢谢您。"达尔文感激不尽，对着舰长点了点头。

"你知道吗？"菲茨罗伊搬了把椅子坐在旁边，说道，"第一次见到你时，我差一点就拒绝你了！"

达尔文尴尬地笑笑，没想到这里面还有故事。原来，菲茨罗伊有着显赫的贵族血统，他是已故的英王查理二世的重孙。他一向以自己的血统为傲，尤其满意自己希腊人那样高挺的鼻子。此前他就迷信颅相学，也就是根据观察人的头骨形状来判断性格，颇有点中国古代相面的意思。菲茨罗伊坦言，二人第一次相见时，他仔细观察达尔文的头和鼻子后，就在心里下了评断——这不是一个坚强有毅力的人。但是，随着在舰上日常生活接触，尤其是看到达尔文明明饱受晕船之苦却不声张、不矫情，菲茨罗伊开始改变了自己最初的判断。达尔文心中暗笑，原来自己差点因为不够坚挺的鼻子而无法登舰。

菲茨罗伊对待达尔文坦诚而仁慈，可对待船员下属就一点都不客气了。"小猎犬"号的船员们都知道，舰长每天早上起来的时候脾气都不好。下级军官们在中午前交班时都会询问："今早喝咖啡了吗？"这句话的意思是问有没有受到舰长的责骂。起航不久，菲茨罗伊就发现有船员把烈酒带上舰偷偷喝，于是大发雷霆，下令把违规人员处以鞭刑。达尔文也曾问起舰长，是否这样对手下人太过严厉。舰长的答复是，航行初始立下规矩是为了保障全船人员漫长旅途的顺利与安全。当天菲茨罗伊为了缓解达尔文的晕船症状,把他请到了舰长室,让他坐在舒适的椅子上,和他探讨文学和诗歌。达尔文缓缓闭上双眼,听着菲茨罗伊读莎士比亚的作品。浑厚的朗诵声,船员被鞭笞的惨叫声,呼啸的风声,低沉的海浪声,声声入耳,达尔文伴着这诡异的交响曲,暂时忘记了晕船的痛苦。

"小猎犬"号一路南下,1832年1月6日,抵达了航行第一站——西班牙属地加那利群岛。达尔文一下子忘记了晕船的困扰,兴奋异常,因为这里是他出发前就心怀向往的地方。他曾痴迷于洪堡的《南美洲旅行记》中生动描绘的这个群岛中的特内里费岛的美景和泰德峰火山口的壮丽。如今,梦幻之地就在眼前。不曾想,天不遂人愿。在菲茨罗伊下令抛锚、准备登岛时,岸上驶来一艘小船,一名官员通知他们:由于英国国内几座城市发生霍乱疫情,靠岸的英国船只必须接受12天的隔离检疫,否则不能登陆。菲茨罗伊思索了一会,觉得不能在这里耽搁这么久,于是果断下令扬帆起航。

达尔文已经带好了所有勘查装备,没想到就这么意外地与梦想失之交臂。他颓然地坐到甲板上,不甘心地遥望着那美丽的岛屿。"小猎犬"号缓缓驶离岸边,海风越来越小,军舰的航速随之越来越低,似乎老天爷也想让这个失望的年轻人多看几眼美景。夜幕降临,风平浪静,四下一片沉寂。达尔文依旧坐在甲板上望着海对面,一丝困意也没有。当清晨的第一缕阳光从泰德峰背后跳出来,达尔文也一跃而起,伏在船舷上,欣赏着难得一见的奇景。

阳光瞬间照亮了圆形的火山口，半山腰云雾缭绕，如同仙境。达尔文感觉如梦似幻，在日记里记下了这起航以来最美妙的一天。东风乍起，"小猎犬"号如箭般飞驶而去，泰德峰逐渐消失在视野里。别了，特内里费！

虽然没能登岛，达尔文也很满足于欣赏了别样的美景，一时心情大好，似乎晕船的症状也稍有好转了。他逐渐适应了海上的生活，有时与舰长和船员们聊聊天，有时仔细研读那本莱尔的《地质学原理》。他还自制了一个布网吊在船尾，捕捞海里的微生物，用来做海洋物种分析。晚间，夜色凝重，海风潮湿，达尔文靠在船舷上，低头可见布袋里浮游生物发出的微微磷光，抬头仰望点点星光，享受着美妙一刻。

"小猎犬"号沿着非洲西海岸继续南下，1832年1月16日，驶临佛得角群岛。达尔文在主岛圣地亚哥岛的普拉亚港登陆，开始了第一次科学考察。他放眼望去，天空灰蒙蒙的，目力所及之地一片荒凉，宽广的熔岩平原上，几乎找不到一点绿色植被。再加上此前西班牙占领时期的人为破坏，到处是破败的堡垒和教堂，岛上的大量黑人居民也生活在困苦之中。达尔文见惯了英伦三岛的繁茂和生机，反而觉得这一片萧瑟别有味道。他无暇顾及景色，随即对岛上的地质结构和生物种群进行了细致的勘探、采集和分析。

达尔文在岸边发现了一条长好几千米、高出海面十几米的天然堤坝，其中的白色岩层嵌满了无数贝壳，其上又覆盖着玄武岩（岩浆喷出地表冷凝而形成的火成岩）。达尔文不由得想起了在北威尔士考察时发现的大涡螺化石，塞奇威克教授当时还断然否认其真实性。那么这些海洋动物的贝壳化石为什么会出现在高出海平面的地质层里？达尔文思索着莱尔在《地质学原理》中提出的"渐变论"，莱尔认为地球表面的地层样貌是在漫漫的历史长河中，受到各种常见的风、雨、河、海、潮汐、冰川、火山、地震等自然力影响，缓慢形成的。而当时的人们对此现象的主流认知是"神创论"和"灾变论"。《圣经》中的《创世记》里记载着史前的诺亚大洪水传说，基督教徒们对大洪水暴发改变地貌的说法深信不疑。法国古生物学家居维叶提出的"灾变论"则认为是地球上不断发生的火灾、地震、洪水等大灾难导致了地貌突变。达尔文更愿意相信莱尔的理论，他认为眼前看到的贝壳能说明这个地层原来一定在海底，经过火山喷发、冷凝，并不断抬升超过了海平面，形成如今的样貌。而这个地貌变化的过程一定是极其漫长的，绝不是《圣经》里说的几千年，也不是几万、几百万年，而是更加长久的时间。如果能像莱尔那样，把途经的特殊地质样貌和自己的观点也写成一本书，将是多么自豪的事？这个念头，让达尔文激动得浑身发抖！

另外，达尔文还采集了众多的海洋动物标本。有一种长相奇特的海蛞蝓，在被骚扰时会射出紫红色的液体来搅浑海水，借以逃生。还有一种有趣的乌贼，保护自己的手段不仅是喷射墨汁，还会根据环境来改变肤色。甚至当达尔文趴在岸边露出脑袋时，它会发射小水柱来攻击。达尔文抓了一只带回船舱，居然在黑暗里发现乌贼发出微弱的磷光。

值得一提的是，达尔文还收集了几小包落在舰上桅杆头的风向标纱网中的棕色粉尘。这些粉尘后来送回英国经过分析，竟然包含几十种微生物。而这些含有微生物的粉尘会通过风和船舶散播到其他地区，这在生物学上有很大的研究价值。如此看来，达尔文有着超乎寻常的敏锐感，他的确是一位天生的博物学家。

随着舰上的测量员完成了海岸、港口的绘图和测量工作，"小猎犬"号离开了圣地亚哥岛，向西南方向的南美大陆进发。军舰在圣保罗岛稍作停留，继续前行。在跨越赤道线的那一天，全体舰员举行了盛大而古怪的"跨线祭"。这是一个专门为首次航行的"菜鸟"船员准备的传统活动。舰长菲茨罗伊也放下了架子，装扮成海神尼普顿的模样正襟危坐，几位军官扮成他的妻子和孩子侍立两旁。达尔文和30多名新水手被锁在小黑屋里，逐个被拉出来接受考验。几名彪形大汉把达尔文押上甲板，用布条蒙上眼睛，再用柏油涂满全身，最后把他头朝下扔进大水槽里。通过了这一系列考验、折磨，就意味着菜鸟正式成为一名老水手了。达尔文被折腾得颠三倒四，面对着一群"妖魔"心里暗暗叫苦，这滋味可比晕船还要难受啊！

1832年2月29日，"小猎犬"号抵达巴西港口城市巴伊亚。达尔文登岸后迫不及待地独自一人走进了当地的热带雨林。此时的南半球正处于夏末秋初的好时节，高大挺拔的各种阔叶乔木，硕果累累的橙树、椰子树、棕榈树、杧果树，交错缠绕的藤蔓，附生其间的苔藓、地衣和蕨类植物，这一切错落有致、绿意盎然，让人犹如置身于超大型的温室中,仿佛是把地球上的所有植物品种都移栽到了这里。达尔文席地而坐,呼吸着潮湿、浓烈、发酵味道中夹杂着花果香的空气,仰头看着正午阳光透过密匝匝的树顶洒下一片斑驳,脚踏着湿润、肥沃的砖红色土壤。艳丽的鹦鹉不时鸣叫,五彩斑斓的蝴蝶飞舞翩跹,蜜蜂和蜂鸟忙于采集花蜜,蚂蚁成群结队地辛勤劳作,树懒悄无声息地隐于树后,蜥蜴窸窸窣窣地爬过脚面,小甲虫懵懂可爱地跳上手背。他在这大自然亲手打造的博物馆里目眩神迷,努力把眼前的图景印刻在脑海里,真不敢奢望此生还能有第二次如此美妙的体验。这正是洪堡的著作中描绘过的美丽壮观、充满生机、丰富有序的热带天堂。而与洪堡的不同之处在于,达尔文在这绚烂蓬勃的空间里,也留意到了衰朽的树木、残落的花朵、腐败的果实、死掉的昆虫。正是它们又滋养了其他的植物和微生物,开启了又一个诞生、衰亡、重生的历程。这种神奇、玄妙的轮回究竟是谁的安排?达尔文百思不得其解。

  达尔文恋恋不舍地回到登陆点。在随后的几天,他意外地发起了高烧,可能是由于水土不服,也可能是在丛林里不经意间受到了毒虫的叮咬。舰长安排人悉心照料达尔文,还不时亲自探望。病愈后,达尔文跟随菲茨罗伊拜访了当地几位大庄园主。菲茨罗伊兴致盎然,达尔文却对于所见所闻有些心怀恻隐。当时的巴西刚刚摆脱殖民者独立不久,但仍然是一个奉行奴隶制的国家。葡萄牙、法国、荷兰经过300多年征伐、殖民和掠夺,最终都退出了这片土地。留下来的白人贵族和大庄园主过着优雅、奢靡的生活,而土著印第安人和大量从非洲贩卖来的黑人奴隶却在种植园里辛勤劳作、苦不堪言、生不如死。

达尔文深受父母两个家族的影响,对奴隶制深恶痛绝,也对那些高高在上、不把黑奴当人的白人老爷们极其鄙夷。而菲茨罗伊出身贵族,有着一贯的傲慢姿态。他是虔诚的基督徒,支持奴隶制度,坚信上帝创造出黑人以及其他有色人种就是来为高贵的白人服务的。两人的信仰简直水火不容,难免会产生矛盾。在一次闲聊中,达尔文表达了对奴隶制的不满,并流露出了对菲茨罗伊天真观点的嘲笑。没想到舰长勃然大怒,声称让达尔文马上离舰,达尔文也不甘示弱,摔门而出。

达尔文回到船舱,收拾东西,决意离开。可这事迅速在舰上传开了,一些下级军官邀请达尔文一起吃饭、闲聊,暗暗表示支持他。有趣的是,菲茨罗伊怒气不息,叫来一名军官,对着他把达尔文臭骂一顿。几个小时后,舰长消气了,又让那名军官代表他向达尔文赔礼道歉。于是两人冰释前嫌,又可以愉快地相伴航行了。

这是达尔文和菲茨罗伊第一次发生矛盾,但不是唯一的一次。在随后几年的旅程里,二人还发生过几次龃龉。究其原因,除了信仰判若云泥,还有性格上的原因。菲茨罗伊是个复杂而有趣的人,性格上尤为矛盾。他时而孤傲、时而亲和,时而执拗、时而包容,既直率又多疑,既刚强又脆弱,上一秒可以因信仰而势同水火,下一秒却又讲人情而虚心接纳。正是这种矛盾的性格特点,造就了他的显赫荣耀,也宿命一般地暗示着他的凄惨结局。此是后话，暂且不提。而毫无疑问的是，此次远航，让他们成为彼此生命中最重要的人之一。

达尔文在巴伊亚考察期间，沿着巴西的海岸线研究当地的花岗岩地层，还发现了一种有趣的短刺鲀。达尔文把这种鱼抓起来，就发现它瞬间鼓胀成球形，身上的凸点变成一根根尖刺，像是海洋里的刺猬一般。放回水里，它会拼命地喝水、吸气，慢慢恢复了原样。用手拨弄它时，它的腹部会分泌出异常艳丽的朱砂红纤维物，用这种颜料染色的物件经久不褪色。大自然充满了神奇！

3月18日，达尔文一行人结束了巴伊亚之旅，奔向下一个目的地——里约热内卢。

里约热内卢

1832年4月4日，"小猎犬"号抵达里约热内卢。达尔文刚一上岸，就收到了远洋邮轮送来的家信。万万没想到，他二姐卡罗琳的来信中提到了一个伤心的消息——达尔文心仪的姑娘芳妮嫁人了！这简直是晴天霹雳，达尔文不敢相信，自己离家仅几个月，芳妮就嫁给了一位有钱、有地位的政客。回想着在欧文家相处的点点滴滴，达尔文一时无法释怀。

菲茨罗伊知道了这件事，就找了一位当地的英国庄园主朋友，邀达尔文去他家做客，顺便深入内陆旅行散心。4月8日，一行几人骑马出发。一路上的自然风物确实让达尔文轻松些许，但是他也耳闻目睹了更多奴隶悲惨的遭遇，使他的心情越发糟糕。

第一天旅行的晚上，经过一座光秃陡峭的大山丘。当地人说此山很有名气，此前有一批奴隶逃到了山顶藏匿起来，并在那里开垦耕种。谁知最后还是被士兵发现，逃奴们被悉数抓获，唯有一名老妇不愿再次为奴，从山巅纵身一跃，粉身碎骨。达尔文不禁唏嘘，心想如果老妇是白人的话可能会被人称颂为自由的殉道者，换作黑人奴隶一定被视作冥顽不灵之人。

在路过一家庄园借宿时，达尔文目睹了庄园主因为与人发生纠纷，一怒之下准备把所有男奴的妻儿带往公开拍卖所卖掉。交易最终没有达成，并不是因为那个庄园主的仁慈怜悯，而是价格没谈拢。白人为了一己私利，一夜之间就要让三十多个家庭妻离子散。从小养尊处优的达尔文若不是亲眼所见，绝不敢相信有这种事。

还有一件极小的事，却给了达尔文前所未有的震撼。途中，他和一个黑人共同坐船渡河，并友善地与其攀谈。但是黑人有些愚钝，怎么也听不懂达尔文在说什么。为了让那人明白，达尔文一边提高了嗓门，一边打着手势比画。谁想由于动作过大，达尔文的手掌差点碰到那人脸上。黑人瞬间十分惊恐，以为达尔文要动手打他。可是接下来，黑人并没有反抗和躲闪，而是下意识地半闭上眼睛，双手垂于身侧，静等挨打。达尔文呆住了，转瞬间，震惊、疑惑、厌恶和羞耻种种复杂的情绪一齐涌上来。一个人高马大的堂堂男子汉，竟然不敢抵抗，甚至不敢躲避一个陌生白人无理由的攻击！在这个国家里，黑人奴隶已经被调教得比牲口还要低贱。达尔文不由得想起了舅舅的陶瓷厂制作的徽章上那句反奴口号——"难道我不是你的人类兄弟吗？"

终于到了友人的庄园，主人的盛情款待也没能让达尔文高兴起来。4月23日，达尔文郁郁寡欢地返回了里约热内卢。因为此地海岸线绵长，测量工作繁忙，菲茨罗伊计划要在此逗留3个月之久。为了转移坏心情，也因这里得天独厚的条件，达尔文拾起了老本行——采集昆虫标本。

只要不是暴雨天，他就一头扎在森林里，采集种类繁多的昆虫。这里简直是昆虫的天堂。他白天采集真涡虫、蝉、蟋蟀和会发出声音的蝴蝶，夜晚伴着雨蛙的叫声捕捉萤火虫和会发光的叩头虫。有时他还会停下来，聚精会神地观看森林里的"大战"。在一次蚂蚁大军和蜘蛛的战役中，他充满童趣地用石头给蚁军制造障碍；在另一次蜘蛛和胡蜂的生死对决中，他又向失败者伸出援手。

充实的日子过得很快，1832年7月5日一早，达尔文登上"小猎犬"号，驶离里约热内卢。他立于船尾，回味着那片土地的美丽多姿和黑奴的苦难境遇，又想起了女友芳妮。正在他缱绻纠结之时，船舷外突然冒出几百条鼠海豚。这些灰背白肚、身形优美的海洋小精灵们时而贴着水面疾游，时而腾身跃出海面，时而超越舰头左右摇摆，时而发出欢快、奇妙、类似婴儿的叫声。水手们都兴奋地冲到甲板上，为这壮观的景象欢呼雀跃。达尔文的心灵也被这大自然赐予的欢愉涤荡着。他的青春和初恋，过往的幸福与烦恼，都随着船尾翻涌的浪花一去不返，他将随着"小猎犬"号心无旁骛、一往无前。

人类在道德文化方面最高级的阶段，
就是当我们认识到应当用理智控制思想时。

——

查尔斯·达尔文

第五章

1834

火地・冰川

1834年3月6日

火地岛

"小猎犬"号准备起航,杰米·纽扣还拉着船员的手不愿离舰。他的新婚妻子在岸上急得大哭起来,以为丈夫要随着军舰离她而去。杰米不得已跳回了自己的独木舟,划向岸边。不一刻,他又划着独木舟来到舰上。这次,他又带来了不少礼物分发给船员们。随后,他郑重地和每一位船员握手告别,并紧紧地拥抱了达尔文和菲茨罗伊。然而,在场的所有人都明白,双方终有一别,而且是此生永别。杰米划着独木舟恋恋不舍地返回火地岛。菲茨罗伊拍着达尔文的肩膀说道:"不用难过,或许未来的哪一天,某个遇到海难的人,会得到杰米的庇护,我将无比欣慰。"达尔文默默无语,望着杰米离去,感慨万千。杰米靠岸后,跳上了一块巨岩,点起了火地岛标志性的篝火,向着"小猎犬"号拼命挥舞着双手。烟火冉冉而起,人影逐渐模糊……

蒙得维的亚

1832年7月26日,"小猎犬"号抵达拉普拉塔河口北岸的乌拉圭首府蒙得维的亚。与此城隔河相望的就是位于南岸的阿根廷首都布宜诺斯艾利斯。阿根廷和乌拉圭分别于1816年和1825年赶走了西班牙和葡萄牙殖民者,宣布独立。因为都处在建国之初的动荡时期,当地的权贵和奴隶、白人和印第安人之间矛盾重重,武装争斗频发。菲茨罗伊一行人任务艰巨,一方面要仔细勘测南美洲东岸漫长的海岸线,为英国军舰和商船提供准确的参考数据;另一方面也要了解当地的政局、民情,以便为大英帝国的海外扩张、贸易找到可乘之机。

达尔文在蒙得维的亚东部的马尔多纳多小镇逗留了一个半月时间,他收集、制作了一批哺乳动物、爬行动物和鸟类标本,并把考察以来第一批寄给亨斯洛教授的成果仔细打包,连同自己的家信送上回国的邮轮。随后他深入内陆做了短途旅行,详细考察了当地的风土民情。

达尔文雇了两个当地向导,骑上马向北部进发。一路上,达尔文的行为举止和随身携带的小玩意都引起来当地人的好奇。他们惊叹于指南针、用牙一咬就点燃的火柴,而且反复询问达尔文为什么留胡子以及早起要洗脸。在一个小镇的酒馆里,达尔文还结识了当地的高乔人。高乔人本意为"淳朴的乡下人",可他们实际上却像潘帕斯草原上的雄鹰一样桀骜不驯。高乔人高大英俊,唇上留着短胡,披肩鬈发又黑又长,爱穿艳红色的衣衫,腰上插着短刀,靴子跟上的大号马刺叮当乱响。他们性格极其豪爽，对待陌生人十分热情、殷勤，可要是惹恼他们，必定要拔刀相向。

这些在草原上游牧的人最善于使用两种武器——套索和流星索。套索是用生牛皮编成，一端装上金属环。高乔人把金属环那一端打上活结，在头顶抡开一个大圈，瞬间甩出，就可以套住不听话的牛马等牲畜；流星索是把两个或三个圆石头用皮革包裹，再用皮编织的带子连接起来，使用时在头顶抡开、掷向目标，可以使鸵鸟等猎物的腿被紧紧缚住。根据猎物的不同，高乔人还会改变球的重量，或把石头改成木头或金属。达尔文被这原始的捕猎方式吸引了，跃跃欲试。他模仿着高乔人的样子在疾驰的骏马上抡动流星索，可还没有掷出去就碰到了树枝。流星索瞬间脱手而落，没有抓住猎物，反而缠住了他自己的马腿。要不是那匹老马久经沙场，达尔文肯定要被掀翻在地了。即便如此，这一幕也让旁边围观的当地人在马上笑得前仰后合，他们都打趣说，还从没见过用流星索把自己捉住的人。

结束了愉快的行程，达尔文返回了马尔多纳多，并继续动物方面的研究。他又收集了大量的动物标本，包括体味强烈的鹿、如猪一样硕大的水豚、像杜鹃一样借窝生蛋的牛鹂、叫声悦耳的嘲鸫和几种凶残的食腐肉鹰。这其中，有一种很特殊的啮齿类动物栉鼠，让达尔文大感惊奇。这种小鼠昼伏夜出，在地下打洞，以树根为食，生气或害怕时会发出"吐库吐科"的声音。当地人告诉达尔文，这种栉鼠从不到地面上来，而且都是瞎子。达尔文饲养了几只，他用手指靠近栉鼠的眼前，果然它没有半点察觉。达尔文深感奇妙：动物的器官会因为环境和习性而做出如此大的改变甚至完全退化，这不正是拉马克提出的"用进废退"进化思想的体现吗？

9月，达尔文随"小猎犬"号准备南下，沿着南美洲东岸考察，但是由于天气太过恶劣，导致他们在南面的布兰卡港稍作停留又返回了蒙得维的亚修整。10月，达尔文收到了第二批来自家乡的书信和邮件，其中最让他兴奋的是亨斯洛教授寄来的莱尔著作《地质学原理》第二卷。达尔文此前阅读第一卷中阐述的地质"渐变论"时就已经为之折服，所以他迫不及待地翻看起来。

这本书的主要内容是讨论关于物种起源的问题。莱尔在书中对拉马克的物种进化思想采取了一半肯定、一半驳斥的态度。一方面，他通过研究物种间杂交、物种的变异程度和物种受到外部环境的影响，支持了拉马克的"用进废退"和"获得性遗传"的观点；另一方面他驳斥了拉马克关于"新物种是由旧物种进化而来"的理念。莱尔认为，物种起源问题是"秘密中的秘密"，他的结论是"上帝用某种方法，创造出一个个新物种来代替旧物种，并且一旦产生就不会再变化。"

以今人的眼光来看，莱尔的观点并不正确，也没有事实依据，甚至还是自相矛盾的。达尔文当时还不曾建立自己的清晰理论体系，对莱尔的观点也是将信将疑。但正是彼时彼刻，一颗思想的种子已经不知不觉地在达尔文的脑海中萌芽，探寻物种起源的终极奥秘将是他环球考察以及终其一生的最重要课题。

达尔文自顾自地进行研究和思考，舰长菲茨罗伊却心急如焚。南美洲东岸天气恶劣，乌拉圭和阿根廷境内近期政局动荡，考察工作难以顺利展开。而此时英国海军部传来命令，原定的南美洲大陆海岸线考察计划结束后，又增加了大洋洲和非洲的考察工作。这意味着，南美之行要变成环球之旅，原本2~3年的航海计划可能要延长到4~5年。任务艰巨，前途漫漫，菲茨罗伊不想在蒙得维的亚白白浪费时间，他决定马上起航，先去完成自己多年前的一桩夙愿。

火地岛

火地岛是位于南美洲大陆最南端的岛屿，被麦哲伦海峡与大陆隔开，是跨越大西洋和太平洋航线的必经之地，其中大大小小的群岛林立，暗礁密布，航行条件复杂而凶险。欧洲航海家第一次来到此地时，岛上的土著人纷纷点起一堆堆篝火示警，故此得名火地岛。菲茨罗伊此行一方面要仔仔细细地勘查航路情况，另一方面要把舰上的3位火地岛人送回家乡。

在1826~1830年"小猎犬"号第一次来到火地岛考察时，当地土著人偷走了考察队的一条小船，随后不知去向。菲茨罗伊因此抓了几名土著人作为人质带回了舰上，并一路带回了英国。菲茨罗伊回国后产生了一个教化野蛮人的想法，他自费养育几名火地岛人，分别给他们取了英文名字，还教他们语言、礼仪和生活技能，并对他们进行了宗教启蒙，希望有朝一日带他们返回故乡，散播文明和宗教的火种。所以第二次远航时，菲茨罗伊就带上了那几名火地岛人和一名英国传教士马修斯,计划将他们送回家乡。

除了一名男子在英国时死于天花,这次带回的火地岛人一共3位:约克·大教堂(York Minster)是成年男子,矮小粗壮,性格内敛,智力不差,但有时狂躁,他的名字来自火地岛的一座高山,当初库克船长探险经过时为此山命名;火地娃·篮子(Fuegia Basket)是个女孩,性格温和内向,学习能力强,她除了会英语,还在里约热内卢和蒙得维的亚短暂停留时学会了简单的葡萄牙语和西班牙语,她的名字来源于火地岛的女人都有手挎小篮子采集海产的习惯;杰米·纽扣(Jemmy Button)是一个矮个子、胖乎乎、性格开朗、活泼可爱的小男孩,当初舰长菲茨罗伊用一颗珍珠纽扣的代价把他购买上船,因此得名。这3个人里,小杰米最受船员们的喜爱。在航行途中,每当达尔文晕船时,杰米就会过来表示安慰,还哀怨地念叨着"可怜的人"。每每谈及故乡,杰米都充满了自豪,但他更迷恋英国人文明的生活方式。他总是把头发修剪得整整齐齐,穿着整洁的西装,打着漂亮的领结,尤其在意鞋子的干净程度。

1832年12月17日,"小猎犬"号绕过火地岛最东端的圣迭戈角,在大成湾停泊。还没靠岸,达尔文就看到岛上的灌木丛里跳出几个土著人,把肩上的披风扯下来挥舞不停,同时发出尖叫,还点起了一堆堆报警的篝火。火地岛果然名不虚传。舰长派了几个人乘小艇登岛去探路。不一会儿,船员带着几个土著人来至岸边,他们一边喊着土著语、一边手舞足蹈地指挥舰艇在哪里靠岸。

火地娃·篮子 -1833 　　　　　杰米的妻子 -1834

杰米 -1834 　　　　　　　　杰米·纽扣 -1833

约克·大教堂 -1832 　　　　　约克 -1833

*
几位火地岛人的变化。

达尔文和一行人终于登岛，他第一次踏上这片神奇的土地，也第一次近距离见识了当地的土著人。1名家长模样的老者带着3名身强体壮的男子迎接了他们，女人和孩子都躲了起来。老人头上用一条白羽毛做的发带扎起又黑又粗的乱发，脸上涂着一红一白两条横纹。另外3个人身高约1.8米，红铜色皮肤，脸上用木炭涂抹着黑色横纹，身上唯一的装束就是一条南美洲特产原驼皮做的披风。

这些土著人不是第一次见到欧洲人了，所以并没有过分害怕，他们态度很和善，只是眼神里透出些许的疑惑和不安。他们表示欢迎的方式是在客人的前胸后背各拍三下，然后发出"咯咯"的愉悦声音。达尔文也模仿着他们的样子做了一遍，不禁暗笑，感觉像是在家乡喂鸡时才有的叫声。土著人发觉来者没有敌意，随即变得活跃起来。有的人把船员的袖子拉起来对比肤色；有的人模仿船员们咳嗽、打哈欠的动作；有的人和船员们背靠背比起了身高，还偷偷地踮起了脚后跟。

当他们发现船上下来的3个火地岛人后越发惊奇：这几个人看长相明明是他们的同族，却是一身欧洲人的穿着打扮。老者拉着杰米攀谈起来，但好像他们并不是属于同一个部落，语言沟通也很吃力。杰米用生硬的英语告诉达尔文，老者邀请他们3个在此落户，杰米声称要回自己的部落，婉言谢绝了。那几个男子则围着约克上下打量，看意思是告诉约克该刮胡子了。

达尔文和菲茨罗伊等人在岛上信步浏览了一番。火地岛的航路复杂而凶险，岛上的生存环境也极其恶劣。

岛内多山地，山顶终年积雪，森林一直蔓延到水边，整个岛上找不到一块可以用来种植的平地。火地岛的男人以捕猎海豹为生，女人则终日挎个小篮子在海边捡拾贝壳和海胆。独木舟是他们唯一的交通工具。达尔文一行人并没有在该地停留，回到了舰上。

4天后，天气良好，"小猎犬"号再次出发，向火地岛西侧行进。他们绕过了南美洲大陆最南端著名的合恩角。那里的航路果然凶险，时而迷雾重重，时而狂风暴雨，不愧是跨越大西洋和太平洋船只的噩梦之地，所以过往船只宁愿费力地穿越火地岛北侧的麦哲伦海峡。

"小猎犬"号艰难地驶向火地岛西海岸，达尔文在途中经历了一喜一惊。喜的是，他偶遇了几头巨大的抹香鲸。它们跃出海面然后横身落下，掀起的水花足有几层楼高，轰隆之声犹如军舰上的大炮齐射。惊的是，他遇到了航行以来最危险的一瞬间。一天，达尔文和几名水手驾驶小艇去探路，穿越一处狭长的海峡时，两侧山上的冰川吸引了他们。冰川从山顶一直延伸下来，在水面上像一堵冰墙垂直耸立，如蓝宝石一般晶莹绚丽，不时会有大冰块落入水中。正当他们悠闲地欣赏这难得一见的奇景时，几百米外传来一声巨响，一大片巨冰轰然落下。有经验的水手开始大喊"跳水"，所有人都跃入水中。巨冰坠落带来的第一波浪不算大，小艇附近的水面突然像静止了一样；第二波浪袭来，小艇瞬间被浪头打得歪到一侧；第三波浪来势汹汹，差一点就把小艇拍个粉碎。这下可把达尔文吓得不轻，船要是毁了，他们可就回不到"小猎犬"号上了。

这段时间的天气越来越恶劣，达尔文一行人在途中几次靠岸修整，又接触了几个不同的土著部落。这些土著人就没那么友好了，有的拒绝他们登岸，有的不断地索要东西，还有的甚至趁他们夜晚扎营时意图抢劫。这些同胞的卑鄙行径，让杰米感到十分羞耻。

直到来年的1月23日，在杰米的带领下，"小猎犬"号终于停泊在一个叫作乌利亚的美丽小港湾。杰米终于见到了久违的母亲和兄弟，一家人团聚。该部落的土著人友好地接待了一行人。这个小岛的环境很美，以至约克向舰长表示他不愿回自己的部落了，准备和火地娃结为夫妻，就在此定居下来。于是，菲茨罗伊决定，尊重他们的意愿，并表示帮他们建造自己的家。另外，那位传教士马修斯也自愿留下来，教化这里的野蛮人。

随后的几天，达尔文和船员们开始帮助约克和火地娃挖掘花园、建造棚屋。火地岛人的棚屋极其简陋，只需砍几根树桩在地上一插，顶部搭在一起，再铺上几束茅草，即成一个帐篷般的住所。一切安排妥当后，这里土著人的态度却有了些变化。达尔文他们突然发现，族里的女人和孩子都藏了起来，而且男人们也逐渐产生了敌意。菲茨罗伊猜测是土著人们以为这些欧洲人都要借机在此安营扎寨，侵占他们的家园了。舰长为了避免冲突，决定当晚除了3名火地岛人，其他人都撤回"小猎犬"号。传教士马修斯则表示愿意留下来和火地岛人在一起。

次日一早，菲茨罗伊回到岛上，发现土著人并无异样，一切生活照常。于是，舰长率领船员们乘小艇到周围海域继续考察。一周后，他们返回乌利亚湾时大吃一惊：新搭建的棚屋里一片狼藉。传教士马修斯向他们控诉了火地岛人的卑劣行径。自从大队人马一离开，土著人们就开始不断地骚扰他们4人。那些人刚开始是偷，最后变成明抢了。他们把几人的物品抢来统统撕碎、打破，然后平分。除了马修斯偷偷埋在地下的几件贵重物品，他们几乎被洗劫一空。马修斯还表示，那些土著人不分昼夜地在棚屋周围怪叫，让他时刻警觉、疲惫不堪。杰米也愤恨地说，他的亲兄弟居然也偷了他的东西。

菲茨罗伊也只能无奈地摇摇头，他彻底放弃了教化野蛮人的天真想法，于是决定接回马修斯，离开火地岛。约克和火地娃倒没有表现出多少离别之情，他们只是复归了原有的生活。只有杰米恋恋不舍地目送着"小猎犬"号起航。

布兰卡港·布宜诺斯艾利斯·渴望港

带着复杂的心情，达尔文一行离开火地岛，在东北方向的福克兰群岛（今马尔维纳斯群岛）做了短暂停留，再次向北返回乌拉圭蒙得维的亚修整。1833年7月24日，他们南下到达阿根廷的内格罗河口。菲茨罗伊率领船员沿着海岸线向北缓行，完成勘测工作。达尔文则准备从陆路向北，跨越内格罗河、科罗拉多河，探访布兰卡港口和名城布宜诺斯艾利斯，考察巴塔哥尼亚平原，最后回到蒙得维的亚和"小猎犬"号会合。

此时的阿根廷境内正处于动荡之中，印第安人游牧部落和政府军争斗不息。政府军的首领罗萨斯将军率领部队在布宜诺斯艾利斯到内格罗河口的区域里扫荡了印第安人，并派骑兵在沿途设置了大量的哨所，以保障这一带的安全。而印第安人并没有彻底放弃，反而改用游击战术，频频袭扰政府军和一些大庄园。

达尔文与一位英国朋友及雇用的当地向导一同北上，到达科罗拉多河时，遇到了罗萨斯将军的部队。将军热情地会见了达尔文。罗萨斯将军容貌非常英武，长着和菲茨罗伊一样高挺的鼻子。他出身行伍，刀马娴熟，通过军人的强硬手腕一步步成为阿根廷的独裁者。他不仅治军严格，在自己家的庄园里也执行严苛峻法。他的管家和达尔文谈起了将军的一件趣事。罗萨斯曾规定家里的所有人逢周日不许佩刀，以免酒后发生争斗，违者一律罚戴手足枷。一个周日，有位贵客来访，将军忙不迭地出迎，慌忙中忘记解下腰间的佩刀。管家提醒后，将军立刻表示自己违纪一样要受罚。于是，他让管家把他铐了起来。众人纷纷劝说，管家只得把枷锁打开。谁知，将军对管家说："你胆敢放了我，那么你也违法了，铐起来！"

辞别罗萨斯将军时，达尔文获赠了一张通行证和使用哨所驿马的文书，这给达尔文在阿根廷境内旅行提供了很大的便利。一行人继续前行，两天后到达了布兰卡港。

达尔文在布兰卡港附近的勘查有意外的收获。他在一块不足 200 平方米的海滩上，一共发现了 9 种巨型四足动物的遗骸，包括大地懒、巨爪地懒、伏地懒、磨齿兽、贫齿兽、大犰狳、巨马、长颈驼和剑齿兽。达尔文通过仔细观察骨骸发现，这些动物显然是已经灭绝的物种。

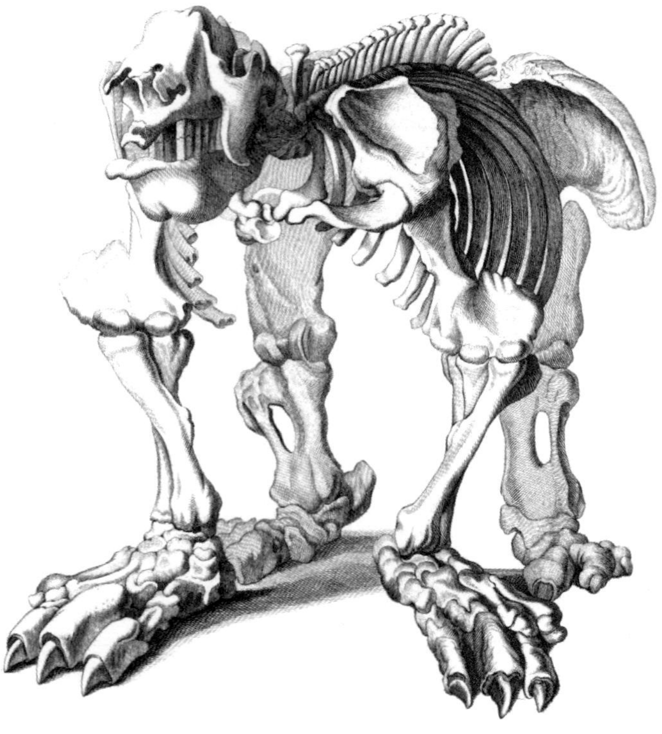

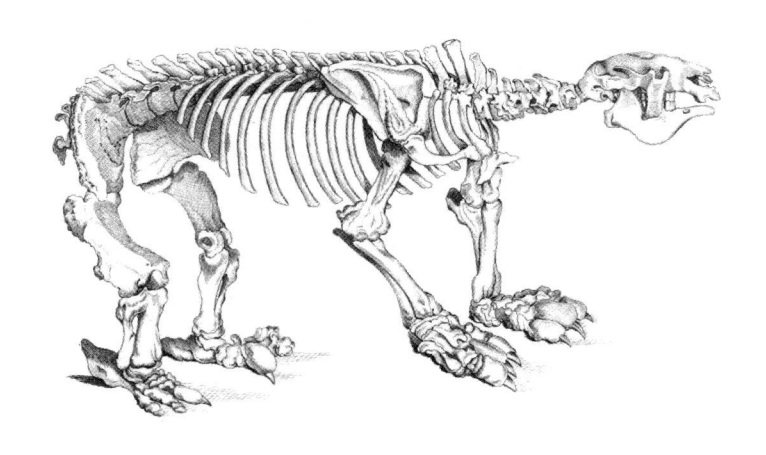

*
大地懒骨架结构。

它们骨骼的特点与几千万年前的欧洲古老四足动物化石很相近，同时和南美大陆现存的某些物种也有些相似之处。比如大地懒和现存的树懒显然存在千丝万缕的血缘关系，但它的骨骼表明其体型笨重，绝不会像树懒那样攀爬树木采食。这说明二者因其生存环境大不相同，而有着迥然不同的性状。达尔文由此更加认同拉马克的进化观点，而对莱尔的"上帝创造说"更加质疑。随后，他把这些巨型骨骸都发给了英国的古生物学家理查德·欧文教授。欧文将骨骸收藏在英国外科医学院，并进行了更详尽的研究。

达尔文在布兰卡港还收集了很多鸟类和爬行动物的标本，他还发现了南美鸵鸟有趣的习性。这里的雌鸵鸟在繁殖季节都是每隔三天产一枚蛋，而且通常是好几只雌鸟在同一天把蛋产在同一个窝里，这样就能保证一个窝里的蛋处于相同的孵卵期。而雄鸵鸟不仅要负责孵蛋，还要在幼鸟破壳出生后担负养育的职责。

在布兰卡港考察期间，当地的种族矛盾又开始激化，达尔文也目睹了政府军对印第安人的残忍屠杀。出于安全考虑，他不敢在此滞留，就雇了一名高乔人相伴，北上布宜诺斯艾利斯。一路上，二人风餐露宿、翻山越岭，冒着美洲豹和印第安人的双重威胁，艰难前行。好在有罗萨斯将军的关照，他们先后经过了12个哨所，几次更换马匹，最终安全抵达布宜诺斯艾利斯。

在布宜诺斯艾利斯修整了一周时间，达尔文不顾时局不稳，还是决定继续考察内陆地区。9月27日，他和那名高乔人再次出发，沿着巴拉那河逆流而上，前往圣菲地区。途中，达尔文对当地的地形地貌和特有的动植物都充满了兴趣。他发现了一种有趣的毛丝鼠。这种鼠有一个奇怪的习性，就是喜欢收集一切硬的东西，诸如牛骨、石头、硬土块等，并把这些东西都摆在洞口。因此当地人要是在路上丢了手表、烟斗等物件，都会在沿途的毛丝鼠的洞口寻找，结果几乎不会令人失望。

到达圣菲后，达尔文因为剧烈的头痛不得不卧床休息。照顾他的一名老妇用当地的土办法给达尔文治疗，她把一颗豆子分成两瓣，沾水后分别贴在两侧太阳穴，声称药到病除。过了几天，达尔文感觉病情没有好转，只得弃马登船，顺流而下，返回布宜诺斯艾利斯。

10月20日，达尔文在巴拉那河口刚一上岸，就发现布宜诺斯艾利斯已经处于戒严状态，由于近日又发生了暴乱，所以任何人不得出入。幸亏有罗萨斯将军颁发的通行证，否则达尔文也休想进城了。几经周折，达尔文在两周后，终于等到了一艘前往蒙得维的亚的邮轮，得以逃离这个战乱之城。

在蒙得维的亚，达尔文和菲茨罗伊会合。12月6日，"小猎犬"号扬帆起航，前往南部的渴望港（也译作德塞阿多港）。刚刚驶离拉普拉塔河口的一个晚上，无数的蝴蝶突然出现在达尔文的眼前。各式各样、色彩各异的蝴蝶上下翻飞、密不透风，蔚为壮观。船员们都惊呼："下蝶雪了！"蝶群散去后，海面上恢复了黑暗和静谧。达尔文在暗夜中看到，在舰头劈开的两道浪花里闪着淡青色的磷光。他知道那一定是海洋微生物发出的光芒，给黑暗中的海面赋予了童话色彩。

12月23日，"小猎犬"号抵达渴望港。稍作停留后，于次年1月9日，达尔文一行又南下到了圣胡利安港。在进行了短暂的测量和考察后，达尔文和菲茨罗伊都牵挂着火地岛的杰米，所以二人一致决定再一次探访火地岛。

再探火地岛·福克兰岛·麦哲伦海峡

1834年3月5日，时隔一年后，"小猎犬"号再次停泊在火地岛的乌利亚湾。众人从舰上望过去，岛上空无一人，也没有人居住的痕迹。过了很久，港湾里才漂出一只独木舟。舟上有几个火地岛人，其中一个人看到"小猎犬"号后，突然背过身去，还用手撩着海水，好像要洗去脸上的涂彩。达尔文惊呼一声："你们看，那是杰米！"

独木舟靠近后，众人都认出来了，那人正是杰米。当初达尔文他们离开时，杰米还是个衣着光鲜、面庞干净的小胖子。如今只隔了一年，杰米又变回了岛上的野蛮人模样。只见他身形消瘦、面容憔悴、头发凌乱、赤身露体，只在腰上围了一块破毯子。杰米的心里也很自卑，所以刚才看到军舰时赶忙背身去洗脸。

菲茨罗伊赶忙邀请杰米上舰，并共进晚餐，想听听他近一年的遭遇。杰米强掩心里的落寞，表示自己的生活相当不错。他谈到自己娶了妻子，学会了打造独木舟，同族人待他很友善，他还教火地岛人学英语。不一会儿，杰米的妻子送来了很多礼物。杰米送给菲茨罗伊和达尔文自己制作的箭和矛头，送给舰上要好的朋友两张漂亮的水獭皮。

当他妻子离开后,菲茨罗伊问起了约克和火地娃的去向。杰米终于忍不住倾诉了自己的悲惨遭遇。原来,约克在此岛居住期间,打造了一只很大的独木舟,准备与火地娃一同返回自己的部落。临别时,约克劝说杰米及其母亲一同离开。可是在半路上,约克和火地娃却不辞而别,顺便在夜里偷走了杰米的所有财产。所以杰米沦落到如今的惨状。

达尔文和菲茨罗伊听罢唏嘘不已,赶忙安慰了杰米一番。夜里,杰米返回了岛上睡觉。次日一早,他又回到舰上。"小猎犬"号准备起航了,杰米只得恋恋不舍地离开。

达尔文站在船尾,望着杰米挥舞双手的身影越来越模糊,最终消失在视野里。他和菲茨罗伊都感慨万千。菲茨罗伊充满遗憾,自己费尽心力、想尽办法,试图用欧洲人的文明来教化火地岛人,结果是落了一场空。达尔文则想得很多:火地岛人和南美大陆的印第安人在文明发展程度上为何相差如此之大?是谁最初把火地岛人带到了这块蛮荒之地?火地岛人的生理和心理特征与欧洲人并无本质上的差别,在英国像个小绅士的杰米,为何回岛生活一年时间,又回归了野蛮人的状态?生存环境对人的影响究竟有多大?

两人各怀心事离开火地岛,"小猎犬"号驶向东北方向的福克兰群岛。

福克兰群岛孤悬于南美大陆之外,主岛分为东西两个部分,这里向来是各国殖民者的必争之地。经过和法国人、西班牙人的反复争夺,英国暂时占领了该岛,并

*

停泊在麦哲伦海峡的皇家军舰"小猎犬"号,远处为萨缅托山。

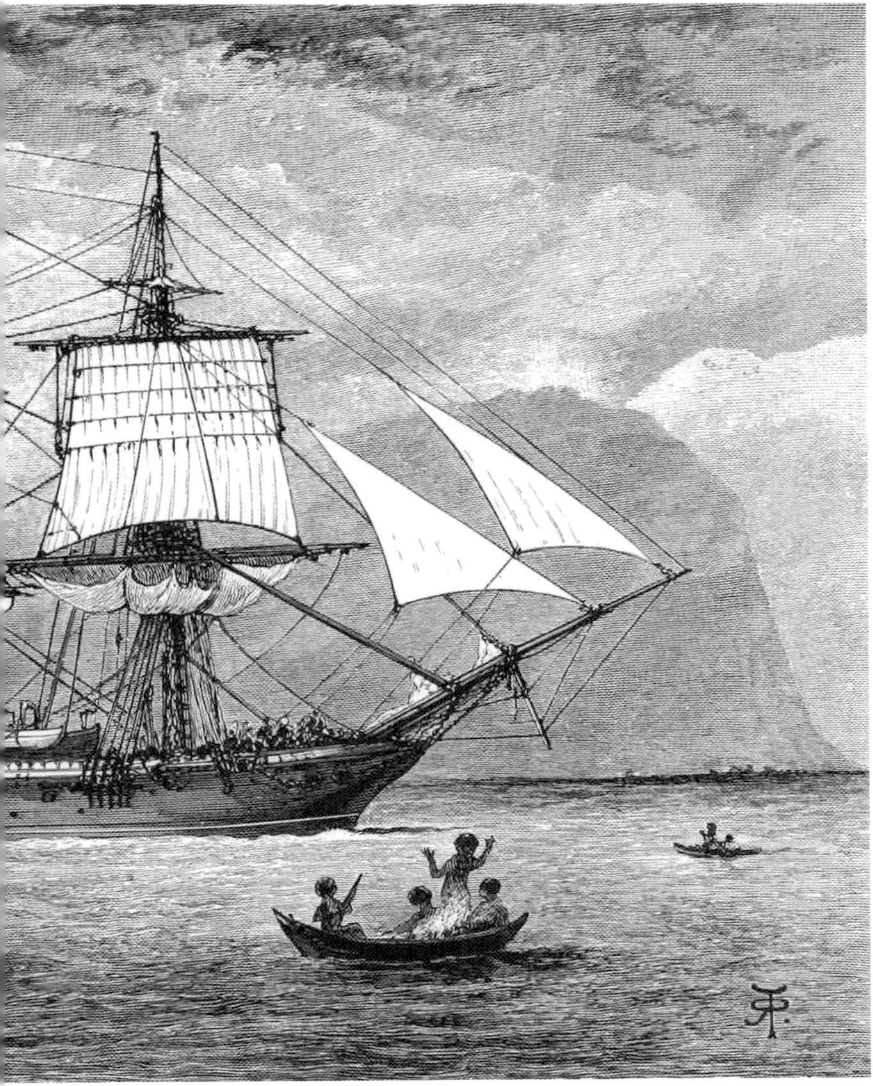

作为国内犯人的流放之地。1834年3月16日，达尔文第二次登上了福克兰群岛，做了一次短途旅行考察。

不出意外，岛上一片蛮荒，地面只覆盖着枯草和灌木，气候也是恶劣异常。几十年前，法国人把牛、马、兔等物种引进了该岛，如今已经繁殖出大批的种群。一晚，随行的高乔人用流星索捕获一头野牛，一行人烤着"带皮牛肉"，大快朵颐。岛上唯一的土著四足动物是一种狼一样的狐狸。这种长着棕红色毛的"狼狐"远不如达尔文想象中那么凶猛和狡猾，反而异常温顺而充满好奇心。当地人甚至用一块拿在手里的肉，就能诱惑这种狐狸靠近，轻松捕获。而且，达尔文观察到，东西两个岛上的狼狐并不相同，西岛上的狐狸身形更小，毛色更红。他不禁纳闷，上帝有必要在这相距咫尺的两个岛上创造出两种不同的狐狸吗？

福克兰岛上的鸟类包括老鹰、猫头鹰、陆地小鸟以及很多种水禽。达尔文发现了一种可爱的企鹅。有一次，在一只企鹅准备回到海里时，达尔文故意挡在它的身前。可是小企鹅并不惧怕，执着地试图前进。它左突右进，始终不能突破达尔文的防线。只见它开始还身体笔直、神态坚定，后来貌似开始生气了，脑袋左摇右摆，仰起头来发出奇怪的驴一样的叫声，难怪当地人把它们叫作"公驴企鹅"。

达尔文还观察到岛上一种鸭子（船鸭），可以用翅膀划水，行进速度奇快。他想到，同样是鸟类，可有些鸟类并不会飞，它们的翅膀却都有其他用途。企鹅在陆地上把翅膀作为脚来爬行，在水里又起到鱼鳍的效果；

鸭子用翅膀作为船桨来划水；南美洲大陆的鸵鸟在水面上会竖起翅膀当作风帆。这些神奇现象是环境影响导致的变化，还是造物主的神迹呢？

离开福克兰岛，"小猎犬"号于4月13日抵达圣胡利安港南面的圣克鲁斯港。军舰在此进行修整，菲茨罗伊和达尔文率领一支二十几人的队伍，分乘三艘小艇，从圣克鲁斯河口逆流而上，完成已故的上任舰长在此地未完成的考察工作。在途中，达尔文展现了超群的枪法，他射下了一只在空中翱翔的安第斯神鹰。

考察结束后，一行人返回港口，"小猎犬"号已修复完毕。他们再次赴福克兰岛做了短暂旅行，然后驶向麦哲伦海峡东口。在航路复杂、两侧冰川耸立的麦哲伦海峡中谨小慎微地航行，达尔文一行人经过了饥荒港，也就是上任舰长斯托克斯殒命之地。6月10日，"小猎犬"号终于驶入了太平洋海域。由此开始，他们将一路北上，前往智利的瓦尔帕莱索港，沿着南美大陆西海岸进行勘测。达尔文再次回首，在海上的浓雾中遥望南方。永别了，火地岛。

能够生存下来的物种,
并不是那些最强壮的,
也不是那些最聪明的,
而是那些对变化做出快速反应的。

———

查尔斯·达尔文

第六章

1835

象龟·地雀

1835年9月

加拉帕戈斯群岛

达尔文在岛上走累了，就挨着一株大仙人掌坐下来休息。偶然，他听到身后传来咀嚼的声响。回头一看，他才发现一头巨大的陆龟正在旁若无人地啃食着仙人掌。达尔文蹑手蹑脚地绕到巨龟的身后，仔细打量起来。这只龟身型硕大，足有1.8米长，重量约有100千克，四只脚粗壮得如象腿一样。龟背高高拱起，尤其在颈部后面的龟甲如西班牙马鞍一样翘起来。达尔文童心大起，从巨龟身后偷偷绕过来，大叫一声、猛地跳到它的面前。那只巨龟受到惊吓，发出一声深沉的嘶叫，迅速把头和四肢缩了起来，随之巨大的躯体轰然拍到地上，一动也不动了。达尔文扳住凸起的龟甲，一下跳上龟背，随后他拍了拍龟背，巨龟伸出头来，感觉到身上有人，生气地爬动起来。达尔文像驯服烈马的印第安人一样在龟背上摇摇晃晃、大呼小叫。可是巨龟的速度远比他想象的快，而且地势不平，结果没走多远，达尔文就被掀翻在地。

瓦尔帕莱索·智鲁岛·瓦尔迪维亚

1834年7月23日,"小猎犬"号于深夜时分停泊在智利的瓦尔帕莱索港口,此地有"天堂谷"的美称。次日登岸后,达尔文举目远望,果然气候舒爽,天高云淡,心中的惆怅一扫而空。智利国土狭长,绵延于南美洲大陆的西海岸,其森林和矿产资源尤为丰富,宛如一条镶嵌宝石的翡翠项链,横亘在安第斯山脉与太平洋之间。

达尔文流连于科迪勒拉山脉的山巅和深谷,感受着与南美洲东海岸完全不同的风土人情。他在山上的岩层中再次发现了贝壳化石。在此次考察旅行中,已经数不清多少次观察到类似的地貌特征了,达尔文无比确信这是原来位于海底的地层逐渐抬升的结果。他还遇到了当地的农民,他们从穿着到性格都朴实平庸,和潘帕斯草原上衣着鲜艳、骁勇桀骜、性情乖张的高乔人简直不可同日而语。达尔文还途经了智利赖以闻名的金矿和铜矿,目睹了矿工们的悲惨境遇。这些不到20岁的年轻人常年在井下做苦工,每隔2~3周才能出井一次,因不见天日而面色惨白,每餐也只以豆子和面包充饥,在极其恶劣和危险的环境里挣着微薄的薪水。而那些白人矿主们却攫取巨量的财富,在这风景如画的地方享受人间天堂一般的生活。

达尔文还在沿途收集了不少当地特有的鸟类标本。随后,9月27日,他回到了瓦尔帕莱索港。可能是因为2个月的山地旅行太过劳累,达尔文一回到旅馆就病倒了,高烧不退,一直修养到10月底才逐渐康复。好在达尔文在这里巧遇了一位英国老同学，在他养病期间给予了悉心的照料。而且达尔文还收到了二姐卡罗琳的来信，告诉了他一连串的好消息。首先是英国著名的《泰晤士报》上报道了达尔文远航考察期间三次给亨斯洛教授寄回了丰富的矿物、生物标本，虽然报纸上的名字印错了，达尔文仍然兴奋异常，这可是他的名字第一次上报纸；其次，伦敦医学博物馆馆长表示，达尔文寄回的大地懒化石有很大的研究价值；最后，达尔文的父亲罗伯特医生在信中表达了对儿子的亲切问候，并考虑到旅程增加，又寄来一笔钱。在达尔文近3年的辛苦远航以来，第一次有了幸福的感觉。

与幸福的达尔文相比，舰长菲茨罗伊却陷入了孤立无援的危险境地，甚至险些葬送了整个考察队的前程。自"小猎犬"号停泊在港口后，天公不作美，海上要么没有一丝风，要么就是南风。但这对只能依靠顺风和侧风才能顺利航行的横帆船"小猎犬"号来说，只能乖乖待在港湾里一动不动了。菲茨罗伊十分焦急，决定先斩后奏，花了一大笔钱租用了两艘顶风也能航行的纵帆船，随后又索性购买了一艘。可没想到的是，英国海军部的答复是断然拒绝菲茨罗伊租买新的船只，也不会报销那一大笔费用。

菲茨罗伊获悉后大怒，马上写了一封辞职信，甩到大副的手里，就把自己锁在舰长室里，不再见人。他陷入了前所未有的危机之中。一方面，他感觉自己作为远航舰长的尊严受到了侮辱，另一方面，即使他家境尚可，租买船只花费的几千英镑也不是一笔小数目。他焦躁地在小屋子里来回踱步，一天都不吃不喝。此时的菲茨罗伊真切地体会到了前任舰长的无助之感，难道自己也要重蹈覆辙？要知道，他的舅父卡斯尔雷勋爵也是不堪压力而自杀身亡的。家族和职业的双重魔咒缠绕着菲茨罗伊，他甚至不止一次地瞥向桌子上的左轮手枪……

舰上的官兵已经乱成一锅粥，在此危急时刻，有人想到了达尔文。大副赶忙上岸请来了刚刚病愈的达尔文。达尔文听完事情原委后，责无旁贷地敲开了舰长室紧闭的房门。两人素来互相尊敬和欣赏，在几年的航行中已经结下了深厚的友情，更重要的是他们都不甘心环球航行半途而废。所以，在达尔文的耐心劝说下，菲茨罗伊慢慢解开了心结。另外，达尔文还带来了一个好消息，他从英国寄来的报纸上看到了海军部擢升菲茨罗伊为海军上校的通告。

菲茨罗伊撤回了辞职信，一场危机就此化解，两人得以继续携手远航。但是，这次心理打击以及自费租买船只造成的巨额亏空，都为菲茨罗伊日后的悲惨结局埋下了宿命般的伏笔，令人唏嘘不已。

11月10日，总算等来了西北风，"小猎犬"号艰难起航，沿着南美西海岸一路南下智鲁岛（也译作奇洛埃岛）。智鲁岛和其南侧的乔诺斯群岛周围的海域小岛众多，星罗棋布，所以菲茨罗伊安排"小猎犬"号在西岸、几艘小艇深入东岸，分头进行勘测工作。

直到来年的1月18日，结束了艰苦工作的考察队驻扎在智鲁岛西北角的圣卡洛斯。次日夜晚，达尔文幸运地隔着海峡看到了位于东北方向的奥索尔诺火山口爆发的实况。他通过望远镜观察到，火山口上方闪着红色的光，同时喷射出黑色的熔岩碎块，火光映亮了山下的海面，景象蔚为壮观。火山爆发一直持续到次日中午，方才慢慢平息。当地人告诉达尔文，就在当天，沿着科迪勒拉山脉往北，还有两座活火山几乎同时爆发了。达尔文深深地感叹大自然的神奇力量，毫无疑问，正是这种力量不断地抬升了这片陆地的地理位置。

1835年2月4日，"小猎犬"号从智鲁岛起航，沿海岸北返，于2月8日抵达瓦尔迪维亚。2月20日这天，达尔文在海边的树林里采集标本。正午时分，他感觉有些疲惫，就伸展四肢，舒舒服服地躺到地上休息。突然间，达尔文感觉身下的地面开始颤动起来，紧接着越来越强烈，就像在波涛汹涌中，躺在"小猎犬"号的甲板上一样。他猛地翻身跳起，马上就感觉到头晕目眩，左摇右晃，像是在薄冰上跳舞。脚下的地面震荡扭曲着，身边的树木疯狂地摇晃着，海岸边巨浪滔天，水位线迅速爬升。远处的海面上沸腾起来，有的地方像是发生了海底大爆炸一般，海水被炸开随即就被染黑了，弥漫出一股难闻的硫黄气味。达尔文瞬间醒悟了，这里发生了地震！

好在地震时达尔文在树林里，也算有惊无险。在随后的几天，达尔文一行继续北上，途经康塞普西翁和塔尔卡瓦诺港时，才见识到了地震的威力。这里的房屋无一幸免，70个村庄被摧毁，随后地震掀起的巨浪又把所有废墟一股脑掠走。村镇已面目全非、无法辨认，海滩上散落着无数的房屋碎片、生活用具、仓库货物以及动物的尸体。值得庆幸的是，地震发生在白天，人员伤亡并不惨重，要是发生在夜里，后果不堪设想。

达尔文被震撼了：一方面他因目睹人类几十年的苦心经营在一分钟之内化为齑粉而痛心疾首；另一方面，他也惊叹于大自然的神力在一瞬间就塑造了崭新的地貌特征。达尔文观察到了地形改变的直观证据，他测量了康塞普西翁的岸边陆地被地震的力量抬升了将近1米。火山爆发和地震，都是改变地质形貌的直接推手，这是无可争议的真理。

3月11日，"小猎犬"号返回瓦尔帕莱索。达尔文雇了一名向导和几匹骡子，深入科迪勒拉山脉进行地质考察。经过3个多月的跋涉，达尔文在山峦、海岸、平原之间艰难穿行，7月4日，终于在科皮亚波与沿海岸线北上的"小猎犬"号会合。

智利海岸线的勘测和境内的科学考察结束了，"小猎犬"号前往紧邻的秘鲁。先后在伊基克港和首都利马停留后，"小猎犬"号于9月7日驶离秘鲁，同时也与南美洲大陆告别。历时三年半的南美洲之旅，让达尔文见识了热带雨林的美妙，奴隶制度的丑陋，高乔人的彪悍，火地岛人的愚蛮，海豚的可爱，冰川的凶险，植物、动物的丰富多彩，火山、地震的无比震撼，也让他从一个热爱大自然的普通青年，成长为一位经验丰富的博物学家。而就在旅程的下一站，等待他的将是凤凰涅槃一般的伟大蜕变。

加拉帕戈斯群岛

1835年9月15日,"小猎犬"号驶入南美大陆以西约1000公里处的加拉帕戈斯群岛(也称为科隆群岛)海域。该群岛由13个火山岩形成的岛屿组成,岛上共有超过2000个火山口,低地十分贫瘠,高地则植被繁茂、气候湿润。虽然该岛位于赤道线上,但由于周围的低温洋流影响,天气倒不算十分炎热。

早在1535年,巴拿马主教贝兰加就在航海途中发现了此岛,因在岛上发现了许多巨型陆龟,遂命名为加拉帕戈斯群岛(意为巨龟之岛)。随后的几百年间,西班牙航海家和海盗经常逗留此岛,直到1832年,才由厄瓜多尔正式占领。

1835年9月17日,达尔文在查塔姆岛登陆。他目力所及之地,就能看到几十个圆锥形的火山口,到处都是黑色的玄武岩,上面点缀着低矮灌木和仙人掌。达尔文没走多久就发现了两只巨大的陆龟。这种龟身形硕大,身长有1.8米,重约100千克,四肢如大象腿一样粗壮,所以又名象龟。此龟有觅得泉水的本领,早年的西班牙人就是跟着它们找到了水源。活动在低地的象龟会长途跋涉爬到高地寻找泉水,到达泉边就一头扎进水里贪婪地饱饮一番,随后在泉水旁驻留三四天,再返回家园。岛民们经常会看到壮观的景象:众多的象龟沿着蜿蜒的山路排成一列纵队,伸长着脖子迫不及待地向上攀爬;同时,那些喝饱了泉水的象龟也是排成一列,心满意足、优哉游哉地踏上归途。另外,象龟还是岛上居民以及外

＊
加拉帕戈斯象龟。

来的访客最主要的食物来源，龟肉口感不错，肉汤尤其鲜美。有的船队在离岛前都会捕捉几百只象龟，作为路上的口粮。

随后的一个月间，达尔文又登上了群岛内其他的大小岛屿，考察了这里的动物群落。岛上的动物除了从美洲大陆引进的野猪、羊，几乎都是土生的爬行类动物，有象龟、蛇，还有两种有趣的鬣蜥。达尔文在阿尔贝马尔岛上第一次见到了这里的鬣蜥，一种生活在水里，另一种生活在陆地上。

海鬣蜥身长1米左右，浑身黑灰色，头部短而宽，四只爪子长度相等且有蹼，短而有力。它们生活在海滩附近，在水里游动自如，在陆地上却行动缓慢、迟钝。人们经常会看到成群结队的海鬣蜥在岸边的礁石上，四仰八叉地晒太阳。它的食物主要是海草，但是这种水生动物却有着奇怪的恐水习性。有一次，达尔文抓住一只海鬣蜥扔到水里，可是它立刻就游回来，再爬到礁石上。反复几次，都是同样的结果。达尔文感到诧异，他认为可能是海鬣蜥在遇到惊吓时，下意识地躲到没有天敌的陆地上，以免在海里遇到鲨鱼的攻击。

陆地鬣蜥身形比海鬣蜥略小，后背呈棕红色，肚皮则是橙黄色，四爪很长而无蹼，后肢较健壮，由于脸部扁平、棱角分明，所以显得丑陋而古怪。它们主要在岛上荒芜的低地里过着穴居的生活，以多汁的仙人掌为食。陆地鬣蜥在挖洞时，是身体两侧的脚轮流工作，往往先用一侧的前脚爪挖土传给后脚爪再推出洞外，累了就换另一侧的两只脚继续挖土。有一次，达尔文观察一只陆地鬣蜥挖洞，看了很久有点不耐烦，他又想恶作剧了。那只鬣蜥的大半个身子都探进了洞里时，达尔文拽起它的尾巴，把它揪了出来。那只鬣蜥吃了一惊，转过头来，面无表情地盯着达尔文，似乎在问："为什么拽我尾巴，没看到我在工作吗？"这种鬣蜥对人并没有攻击性，但是对同类却不客气，不管何时何地，只要把两只陆地鬣蜥放在一起，马上就能扭打成一团。

随着观察到更多的岛上动物，以及在与岛民、船员们攀谈中，达尔文逐渐意识到了一个不被人注意的事实，那就是不同岛上的同种动物有着微小的差别。以加拉帕戈斯群岛独有的物种象龟为例：查尔斯岛和胡德岛的象龟龟甲比其他岛上的厚，而且前端如马鞍一样翘起；詹姆斯岛上的象龟龟甲更圆、颜色更黑，龟肉更美味；各个岛上的象龟龟甲纹路也不尽相同。当地人总是能一眼认出一只象龟来自哪个小岛。另外，有些岛上海鬣蜥的体型和颜色也与其他岛不同。

达尔文有着博物学家天生的敏锐感知，他被这些微妙的差异现象迷住了。群岛中的各个小岛之间，一般仅相隔约100公里，然而彼此相望的每座岛屿几乎都有着同种动物的不同亚种，这种差异是如何产生的？达尔文带着这个疑问，在随后的考察中更加留意。此前，他收集动物标本时，都笼统地放在一起；而此后，他就按每个动物标本归属的不同小岛详细分类保存。果然，在研究群岛中的鸟类时，达尔文又有了重大发现。

在加拉帕戈斯群岛上，达尔文一共发现了26种陆地鸟类和11种水禽。岛上的鸟类和达尔文在之前游历的所

*

达尔文雀族喙部的差异：

1. 大嘴地雀（查尔斯岛和查塔姆岛）；2. 勇地雀（查尔斯岛和詹姆斯岛）；
3. 小树雀（查尔斯岛和詹姆斯岛）；4. 绿莺雀（查尔斯岛和詹姆斯岛）。

有岛屿见到的鸟类不同,它们都非常温顺不怕人。所以他收集标本的过程极其顺利。有一次,他举起水杯刚要喝水,一只嘲鸫落在杯沿上,低头开始饮水,即便达尔文上下晃动杯子,那只鸟也并没有被惊飞。在众多的鸟类里,有一种地雀引起了达尔文的关注。

这种归于地雀属的鸟类一共有十多种,它们的身形差别不大,羽毛也都是雄鸟黑色、雌鸟棕色,但是鸟喙则大不相同。从大嘴地雀、勇地雀一直到小嘴地雀,鸟喙的形状呈现从大到小的完美渐变趋势。这种差异从何而来?达尔文决心搞个明白。他不厌其烦地观察了每一种地雀的生活习性,终于找到了一些线索——鸟喙的大小和采食的习惯息息相关。大嘴地雀通常采食坚果和比较大的硬壳种子,它的喙最大,像胡桃夹子一样坚硬;勇地雀以及类似的几种地雀习惯采食较小的种子和仙人掌的果实,它们的喙像一把小钳子;小嘴地雀则采食最小的种子以及小昆虫,它的喙像一把尖镊子。这十多种地雀分布在整个群岛的13座小岛上,它们连同另几种莺雀和树雀,在日后一起被命名为达尔文雀族。

随后,达尔文对群岛的海洋动物也进行了考察,并发现了此地独有的十几种海鱼和几十种贝类,都属于新物种。另外,他发现各个岛上的植物群落也和动物种群有着类似的同中有异的特点。以詹姆斯岛为例,此岛共有71种植物,其中38种为群岛特有的种类,而这里面有30种是这座小岛独有的。加拉帕戈斯群岛这种奇特的动植物现象让达尔文沉迷不已,直到离岛的时候,他仍在苦苦思索着其中的奥妙。

10月20日，短短一个月的考察工作结束了，"小猎犬"号驶离加拉帕戈斯群岛，向西深入太平洋，目标是塔希提岛。

军舰逐浪而去，达尔文的心绪却还在加拉帕戈斯群岛上。他坐在甲板上，时而在笔记本上写上几笔，时而抬起头来凝神沉思。在加拉帕戈斯群岛上的所见所闻，产生了无数的疑问，让达尔文无法释怀。为什么远离南美大陆1000公里之遥的群岛上却有大陆上才有的物种？群岛中十多个小岛，明明具有同样的纬度、海拔，同样的火山岩地质，同样的气候特征，岛间距离仅不到100公里，甚至彼此举目可见，为什么会有如此迥然不同的动植物种群？难道是小岛间洋流的阻隔，导致了植物种子和鸟类无法随风落到相邻的岛上？各岛植物种子、果实的差异，如何能形塑出那么多种不同鸟喙的同属地雀？难道上帝会于庞大星球的一隅之地，费尽心思地在每个小岛上创造不同种类的象龟、鬣蜥和地雀吗？

达尔文百思不得其解，虽然他此时还没有形成日后的进化论思想，但是在群岛上的详细、敏锐的观察，让他逐渐在脑海中产生了"物竞天择、适者生存"的自然选择理论的萌芽。而离开加拉帕戈斯群岛那一刻，在他心中，"上帝创物论"已不复存在。

塔希提岛·新西兰·澳大利亚

1835年11月15日，经过5000公里漫长、孤寂的旅程，"小猎犬"号抵达茫茫南太平洋上的明珠——塔希提岛。

该岛是波利尼西亚群岛118个岛屿中最大的一个，主岛是呈8字形的火山岛，岛外围绕一圈珊瑚环礁，环礁内是平静、清澈的潟湖，内岛边缘是绵长、白亮的美丽沙滩，沙滩内侧是狭长的绿色植被带，岛上长满了各种热带果树，整个塔希提岛就像一幅镶在相框里的雕刻画，又像一大块装饰精美、用料丰足的水果蛋糕。

在英国传教士的协助下，当地的波马雷家族在19世纪初期掌握了该岛的主权。此时，执政的是女王波马雷四世。通过传教士传播宗教和文明，岛上的居民过着健康、富足、快乐的生活。"小猎犬"号还没靠岸，一群当地人就划着独木舟前来迎接。达尔文和菲茨罗伊一行人刚刚登岸，就感受到了当地人的热情。

岛上的土著人像这里的热带植物一样美丽而奔放。男人们身材高大、魁梧、匀称、健美，赤裸的上身刻着棕榈树图案的文身。女人们戴着椰子叶编制的头冠，脑后或耳朵眼里插着或红或白的花朵。孩子们在海滩上点起一堆堆篝火，围成一圈，载歌载舞，欢迎这些远来的客人。达尔文摘下背包，也加入当地人的歌舞行列。他暂时把考察工作都抛在脑后，给自己放个假，享受一下愉悦的热带岛屿生活。

次日一早，达尔文就雇了两名塔希提人向导，顺着山谷，爬向岛上最高的山峰。他们惬意地行走在林间小道，风景如诗如画，面包树的大叶子像一只只大手挥舞，椰子树摇曳多姿，渴了可以随处取用甘美的菠萝、椰汁，饿了就在河里捞些小鱼小虾吃。傍晚，一行人露宿在溪边的一块平地。塔希提人把树皮撕成条来做绳子，竹枝做成梁柱，大片蕉叶做屋顶，不到几分钟就造好了一个小棚屋，还用枯树叶做成软床。接下来，他们开始生火做饭。达尔文学着塔希提人的样子钻木取火，他把一根木棍的一头抵在胸口，另一头削尖后插入另一块木头上的小洞里，然后像木匠钻孔一样迅速搓转木棍，不一会儿就点燃了小洞里的碎木屑。随后他们点燃树枝，把20多块石头放在里面烤热。两位向导用香蕉叶把牛肉、鱼、香蕉和野魔芋包裹好，夹在两层滚烫的石头之间，最后用土覆盖，等待焖烧成熟。一刻钟后，地上铺好的香蕉叶上摆满了冒着蕉叶香气的各种吃食，牛肉香嫩，鱼肉新鲜，烤香蕉别具风味，甜甜的椰子汁和清冽的溪水堪比醇酒。达尔文吃饱喝足，躺在松软的树叶床上，伴着林间的鸟语虫鸣，睡得无比香甜。

结束了山地之旅，达尔文又驾船环游了岛外的一圈珊瑚礁。这种环礁、潟湖、火山岛的奇特而绝美的结构，让他痴迷不已。他在莱尔教授的《地质学原理》中读到过关于珊瑚礁形成的理论，莱尔认为太平洋中的珊瑚岛礁不过是海底火山口抬升出海面，周围长满了珊瑚而已。达尔文通过仔细观察和测量，觉得这种地貌特征的形成，远没有那么简单。珊瑚礁是如何形成的？他在心里写下了这个疑问。

在达尔文上山下海的时候，菲茨罗伊也没有闲着。除了正常的勘测海岸工作，他还拜见了塔希提的女王波马雷四世，并协调解决了一桩不久前英国船只和当地人的纠纷，最后还邀请女王登上"小猎犬"号访问。11月26日，达尔文恋恋不舍地登上了军舰，离开了这座充满美妙回忆的岛屿。

"小猎犬"号继续西行，跨越了整个太平洋，于12月19日，经过了欧洲对跖点所在的经线。欧洲对跖点，即在地球上与欧洲处于同一地球直径的另一端的地点。从此每航行一程，就意味着距离故乡英格兰更近了一点。12月21日，军舰驶进了新西兰的海湾。

自从库克船长探访后，英国就占领了此岛，并大量移民。这里的英国占领者凶残、粗鲁，当地的毛利人也蛮横、狡猾。达尔文登岛后体验很糟糕，仿佛从天堂一样的塔希提岛一下子掉进了地狱，新西兰应该是环球之旅中最令他反感的一站。所以他们只逗留了一周时间，就匆匆离开。值得一提的是，8年后，舰长菲茨罗伊就被英国政府任命为新西兰总督，但结局却并不成功。

1836年1月12日，"小猎犬"号缓缓驶入悉尼湾。达尔文在澳大利亚进行了2个月的考察工作。这个国家也是英国殖民地，除了当地土著人，主要居民就是英国国内的流放罪犯和大量新移民。不过和新西兰不同的是，这里的政府通过几十年的苦心经营，发展城镇建设，促进经济贸易，决心缔造一个有活力的新国家。达尔文在境内旅行期间，发现了大量的澳大利亚独有的动物种群，诸如袋鼠、考拉、食蚁兽、袋熊、袋狸、袋狼、袋貂等，还幸运地看到了历史古老、外形奇特的鸭嘴兽。达尔文不禁自问：为什么澳大利亚这块大陆有着全世界其他任何地方都没有的奇特物种？难道有两个造物主为世间工作吗？显然，他的心里已经早有答案。

3月14日，"小猎犬"号离开了澳大利亚的港湾，前往西北方向，位于印度洋中的基林群岛（今科科斯群岛）。

达尔文在航海志里充满欣慰地写道:"别了,澳大利亚!你是一个正在长大的孩子,肯定会有一天成为统治南半球的公主。"

基林群岛·毛里求斯·好望角·圣赫勒拿岛

4月1日,基林群岛进入船员们的视野。这座岛和塔希提岛一样,是环礁围绕的珊瑚岛,岛上遍植椰子树,所以又名椰子岛。除了观察各种水禽和鱼类,以及发现了一种能剥食椰果的巨蟹,达尔文把全部精力投入对珊瑚礁的研究上,他想把之前在塔希提岛留下的疑问彻底解开。他和菲茨罗伊在环礁附近仔细地观察,并用铅锤探测了海平面下几十米的珊瑚礁成分。联想到自己在智利瓦尔迪维亚亲眼看到的海岸在地震中抬升的现象,达尔文逐渐形成了关于珊瑚礁形成的假说:由于海底火山的爆发,导致了地层逐渐抬升出海平面,随后经过地壳运动又使火山发生了沉降,无以计数的珊瑚虫在较深的洋底无法存活,于是依附火山向上生长,而后,不断沉积成珊瑚礁,正是不同的抬升和沉降幅度形成了具有不同地貌形态的堡礁和环礁。而这个升降的过程,是经过成千上万年,甚至是更加漫长的时间跨度才逐渐形成的。达尔文想到此处,兴奋地在考察日记中写下这样的文字:"珊瑚岛是无数小建筑师建起的纪念碑,给我们保存了奇妙的想象空间,让我们能联想到陆地和岛屿的升降。我们也像是生活了一万岁的地质学家,娓娓道出地球所经历的山川更迭、沧桑巨变。"

基林群岛的思考与发现，日后形成了达尔文的一部著作《珊瑚礁的构造与分布》。达尔文带着满满的收获离开了基林群岛，于4月29日抵达毛里求斯。稍作停留后，"小猎犬"号继续西行，回到了大西洋的怀抱。

　　1836年5月31日，达尔文登上了非洲大陆最南端的好望角。次日，他和菲茨罗伊前往南非首都开普敦旅行。在这里逗留半个月，达尔文有幸结交了不少侨居此地的英国学者，其中就有他仰慕已久的天文学家约翰·赫歇尔爵士。赫歇尔来到这里就是为了绘制精准、详细的南半球星图。达尔文坐在爵士的花园里，听着天文学家讲解浩瀚星空的奇妙之处。没想到的是，爵士对地质学也很感兴趣，他和达尔文聊起了莱尔教授的《地质学原理》。两人谈及莱尔把物种起源的问题视为"秘密中的秘密"，达尔文表示并不是十分认同莱尔的假说。赫歇尔说道："如果地质形貌的形成是一个漫长的演化过程，那么物种的形成是否也一样呢？"这句话触动了达尔文。"秘密中的秘密"这几个字时不时就会从脑海中冒出来。几年来，所有关于地质、物种的种种见闻，如夜空中忽明忽暗的点点星光，逐渐照亮了达尔文心中的重重迷雾。

　　1836年7月8日，"小猎犬"号途经充满传奇色彩的圣赫勒拿岛。这里曾是拿破仑大帝被囚禁之地，也是他的葬埋之所。达尔文租住的小茅屋距离拿破仑墓地仅一箭之遥。他在岛上只做了短暂的考察，但这里幽静的环境让他很享受。离岛的前夜，达尔文在小屋里，借着摇曳的烛光，给亨斯洛教授写信。在信中，达尔文表达了急迫的返乡之情，以及对归国后一起开展研究工作充满期待，还请求恩师届时推荐他进入地质学会。信未写完，狂风骤起，旋即暴雨倾盆。达尔文不禁打了个冷战，望了一眼窗外被栅栏围起来的墓地，不无调侃地在信尾加上一句："如果拿破仑的亡灵想访问他那凄暗的囚所，那么今晚无疑是最好的时机。"

阿森松岛·英格兰法尔茅斯港

1836年7月19日，"小猎犬"号抵达阿森松岛。达尔文归家的心情越来越急迫，甚至没有心思再仔细勘查这个平淡无奇的火山岛。不过，让他喜出望外的是，达尔文在这里收到了几封家书。三姐苏珊在信中详细描述了英格兰国内对达尔文远航科考工作的赞誉。当达尔文流连于太平洋诸岛时，亨斯洛教授已经把达尔文3年多以来寄回的信件摘要整理、出版，并在剑桥哲学学会上宣读，会员们反应强烈，一致认为这些信件是地质学和生物学方面的珍贵资料。塞奇威克教授也根据达尔文的信件内容，发表了长篇论文，在伦敦地质学会上宣讲和讨论。塞奇威克还前往什鲁斯伯里拜访了达尔文的父亲，对达尔文的南美洲考察工作大加肯定，也感谢了达尔文采集、寄回的大量地质标本，并称未来英国的伟大博物学家中必有达尔文一席之地。塞奇威克还致函达尔文上中学时的布特勒校长，对达尔文褒奖有加。想来那位固执的老校长一定会对达尔文刮目相看。而一贯谨慎、矜持的老医生罗伯特，也仔细地读了亨斯洛等人的文章，罕见地对小儿子表扬了几句。小妹妹凯瑟琳更是在信中说道:"查尔斯,你还不知道吧,在英格兰,每一位博物学家都会提起你的名字!"

达尔文读罢来信,按捺不住内心的狂喜。他一手挥舞着信纸,一手攥着地质锤,大喊大叫地一溜烟儿跑上阿森松岛的山巅。他的兴奋之情无以名状,顺势举起地质锤,"砰砰砰"地敲打着火山岩。此时此刻,达尔文享受到了被学者和家人认可的喜悦,成为博物学家的儿时梦想近在咫尺。与此同时,积藏在他内心深处的,尚处于朦胧的伟大学术思想,总有一天会像火山一样爆发!

离开阿森松岛,"小猎犬"号回访了巴西的巴伊亚,随后取道佛得角群岛、亚速尔群岛,踏上返乡之路。回程途中,达尔文和菲茨罗伊都在自己的船舱里忙于整理各自的航海考察日记。一天,舰长走进了达尔文的尾楼舱。达尔文见到菲茨罗伊,赶紧从吊床上跳了下来。

"怎么,又晕船了?"菲茨罗伊把一摞纸放在大海图桌上,拉了把椅子坐下问道。

"还好,早就习惯了。"达尔文也坐了下来,补充道,"毕竟5年都熬过来了。"

"是啊,5年了,"菲茨罗伊若有所思地打量着达尔文,"如果当初知道要忍受这么久的痛苦,你还会登上这艘舰吗?"

"我想会的。"达尔文郑重答道,随后又开玩笑地说,"也许是因为我的鼻子不够高才会晕船吧?"

"哈哈哈哈,"菲茨罗伊被逗乐了,然后他拍了拍桌上的那摞纸,"说正经的,你写的这些考察日记我看了,这是有出版价值的!"

"真的吗？那太好了！"达尔文开心极了。

"我计划回国后，把两次航海考察的经历整合起来，写一本《'小猎犬'号航海志》，"菲茨罗伊满脸骄傲地说道，"可以把你的日记加进去，作为单独一卷内容，如果你同意的话。"

"当然同意，"达尔文站起身来，伸出了手说道，"一言为定！"

"一言为定！"菲茨罗伊紧紧握住了达尔文的手。

两个男人踌躇满志，归心似箭。离开亚速尔群岛，"小猎犬"号全速疾行，奔向祖国怀抱。军舰穿过英吉利海峡，熟悉的海岸线进入视野，甲板上一片欢腾。

1836年10月2日午后，"小猎犬"号停泊在英格兰法尔茅斯港。历经5年风浪，这艘不起眼的小军舰终于完成了航线跨越三大洋、足迹遍布三大洲的环球之旅！这次旅行终将名垂青史！达尔文像火地岛人杰米一样，和全舰官兵一一握手告别，最后和舰长菲茨罗伊紧紧拥抱。再见了，我的舰长！后会有期！

这一年，菲茨罗伊31岁，达尔文27岁。两人都比5年前更加成熟，脸庞染上了风霜，心里都满怀着对未来的憧憬。5年来互相欣赏、互相扶持、互相安慰，两人已情同手足。可这一别，他们绝不会想到，二十多年后再次相见，却反目成仇。

菲茨罗伊此时志得意满，他率领"小猎犬"号完成了两次远航勘测之旅，延续了大英帝国海军的荣耀。他绘制的翔实而准确的海图一直被英国海军沿用至第二次世界大战之后。他的航海日志也成为航海家的必读经典。

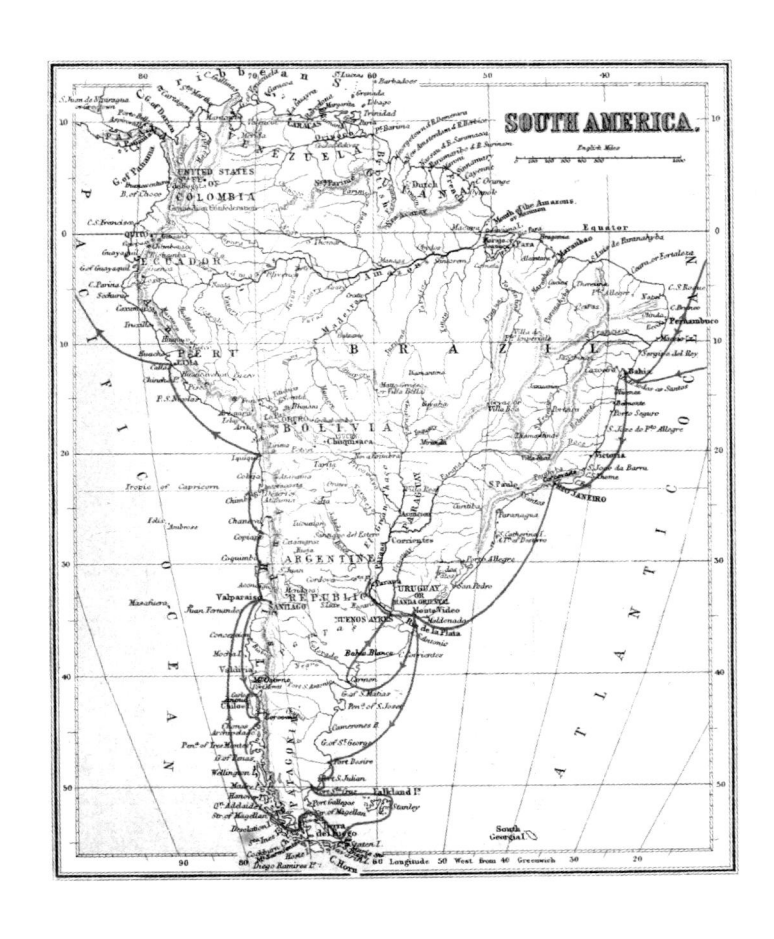

达尔文环球考察线路图

第六章 1835 象龟·地雀

"小猎犬"号扬帆返航

相较之下，达尔文的收获和贡献更加伟大。历时5年的考察，他带回了震惊英国乃至全世界科学界的宝藏：368页动物学笔记、1383页地质学笔记、770页旅行日记、5436个物种标本，以及一个尚在酝酿的、即将改变人类科学史的伟大理论。

踏上归乡的马车，达尔文雄心勃勃。他无暇顾及可以想见的鲜花和掌声，因为他知道，从"小猎犬"号靠岸的那一刻起，他就要开启更繁忙、更重要的工作。笔记的整理、出版，标本的分类、保存和研究，学界同人的交流探讨，学术思想的逐渐形成，达尔文在接下来的几年里全情投入、分秒必争地做了大量的工作。在他的回忆录中，曾写道："这两年又三个月，是我一生中最为活跃的时期。"

马车抵达什鲁斯伯里已是深夜，达尔文不愿打搅家人，随即在旅馆住宿。次日一早，达尔文拎起旅行箱，抑制着兴奋的心跳，像童年逃学时的样子，向着芒特庄园飞奔而去。

爱情到底是由什么东西进化而来的？
我们不能妄下结论，
还是先让我去考察研究一番再说！

———

查尔斯·达尔文

第七章

1838

伦敦·唐恩

1838 年初某日

芒特庄园

达尔文关上书房门,拿出一张纸,在书桌前坐下,这次他可不是研究科学问题,而是要论证自己的婚姻大事。他郑重地在抬头写下"这是个问题",并在下面划出两栏,左边那栏写下小标题"不结婚的好处",随后在下面逐条罗列:社交活动不受限制,在俱乐部与人通宵畅谈;国内外旅行,乘坐热气球,想去哪就去哪;有充裕时间研究科学,学习新的语言,如法语;不用陷于婚后必定发生的夫妻争吵;不用忙于走亲访友而浪费时间;不用为养儿育女带来的生活开支所迫等。接着,他在右边那一栏写下标题"结婚的好处",也列出几条:儿女绕膝的天伦之乐;爱人常年的陪伴,尤其是在晚年。虽然"不结婚的好处"的条目明显更多,但是达尔文放下笔,脑海中浮现出两幅画面:一幅是在伦敦烟雾弥漫的脏乱房间里,自己像工蜂一样孤独、凄苦地埋头工作,直至终老;另一幅是自己坐在壁炉前舒适的沙发上,爱玛在优雅地弹着钢琴,几个孩子跑来跑去。达尔文一拍桌子,抄起笔,在论证最后面重重地写下结论:结婚!结婚!结婚!

崭露头角

当达尔文推开什鲁斯伯里芒特庄园大门的时候，全家人都吃了一惊，一来是因为达尔文信中告知大约月底才能到家，二来是他的变化确实很大。家人们一下围拢过来嘘寒问暖，七嘴八舌地说着"黑了、瘦了、变结实了"；而罗伯特老医生则抓着儿子的双臂，上下打量了半天，说道："你们看，他的脸型完全变样了！"的确，5年的风吹日晒、上山下海改变了达尔文的外貌，由白皙秀气、无忧无虑、只关心捕虫、打猎的公子哥儿，成长为一位饱经风霜、目光炯炯、学识不凡的堂堂博物学家。而他内心世界的成熟和蜕变远比外貌的变化更加深邃。

随后的几天，一家人其乐融融，5年的离别让他们有说不完的话。父亲和姐妹们都很默契地不再提起关于达尔文从事牧师这个职业的事。达尔文还在海上时，家人就耳闻他已经在伦敦的博物学术圈小有名气了。罗伯特医生向来审时度势，也为儿子的事业有所小成而备感欣慰，从而默许了达尔文的发展方向。达尔文在家里修整了几天，便奔赴剑桥大学，拜访恩师亨斯洛。

亨斯洛兴奋地迎接了达尔文的归来，他不无自豪地表示当初没有看错这个年轻人。两人夜以继日地探讨着这次环球航行中的地质学、生物学方面的课题，没有一点倦意。沟通之下，他们都觉得接下来有很多研究工作要陆续开展，而眼下最紧迫的一个问题就是如何处理那巨量的标本。除了达尔文在途中寄回的一小部分，大量的动植物、矿物标本都暂存在"小猎犬"号上，必须尽快找到保存的地方。亨斯洛建议，动植物的标本需要联系伦敦的一些博物馆收藏和研究，地质标本就存在剑桥大学。

暂别亨斯洛，达尔文马不停蹄地赶到伦敦。他先拜访了在伦敦居住的哥哥伊拉斯谟斯，然后开始联络各家博物馆。他先后走访了大英博物馆、林奈博物馆、伦敦动物博物馆等研究机构，但是都没有什么进展。博物馆方面的答复都是库房有限，积存的大量标本都没有编号入库，没有能力再接收新的标本。亨斯洛教授获悉后，带着达尔文参加了几次伦敦学术圈的社交聚会，意图寻找机会。

达尔文在这段时间里有幸结识了两位重量级学者，地质学家查尔斯·莱尔和古生物学家理查德·欧文。在环球航行之中，达尔文就已经熟读了莱尔的《地质学原理》的前两卷，虽然并不是百分之百地认同其中的理论，但这部著作无疑启发了他对地质和生物演化过程的深刻思考。达尔文对莱尔的第一印象就是包容、随和、幽默、见解独到，莱尔也对达尔文的事迹有所耳闻并大加赞赏，两人交谈没几句就颇有相见恨晚之感。在学术问题上，莱尔也没有故步自封，在和达尔文探讨珊瑚礁形成的过程中，他逐渐意识到自己的理论是错误的，便立刻毫无保留地接受了达尔文的理论。莱尔这种大度的学术气度让达尔文钦佩不已，于是两人就成了无话不谈的好朋友。日后，莱尔教授也是达尔文学术理论的坚定支持者。欧文教授此前就已经收到了达尔文寄回的在布兰卡港收集的大型动物骨骼化石，并详加研究。两人见面后马上就探讨起古代大地懒和现代树懒之间的关联问题。随后他们也经常往来，但没想到的是，这位欧文教授在日后却成为达尔文最强劲的论敌之一。

在这两位学者的帮助下，达尔文又认识了一些学术圈和博物馆的朋友，最终逐渐找到了那些标本的安身之所。达尔文于11月返回家乡。父亲提醒他道："你只顾着忙自己的事，把你舅舅都忘了？"达尔文当然不曾忘记舅舅的功劳，收拾停当后，他就跨上马，奔向美尔庄园。

乔赛亚舅舅一家人一直都在热切地盼望着达尔文的到来。达尔文冲进美尔庄园的大门，跳下马来，几乎是一头撞进舅舅的怀里。"好孩子！好样的！"乔赛亚看着风尘仆仆的外甥，禁不住要落下泪来。晚餐后，舅舅和表哥、表姐们就围坐在火炉边，听达尔文讲环球旅行的有趣见闻。达尔文5年的航海经历实在太丰富多彩了，海上的奇景、雨林的美艳、黑奴的惨状、土著人的风采、火地岛的奇遇、冰川的壮美、火山喷发的磅礴、地震的惊险以及岛上动物的奇妙差异，林林总总的奇闻逸事仿佛几天几夜也讲不完。达尔文绘声绘色、娓娓道来，炉火映在他的脸庞，越发显得神采奕奕。表哥表姐们都听得如醉如痴，好奇地问这问那，只有一位年轻姑娘安静地听着。乔赛亚最小的女儿爱玛，此刻正在房间一角远远地坐着，一边照顾着她罹患老年痴呆症的母亲，一边痴迷地听着达尔文的精彩描述。达尔文不时地瞥一眼这位年长8个月的小表姐。两个年轻人偶尔目光相交，又旋即躲开。旁人并无察觉，乔赛亚却看在眼里，会心一笑。

这一年的年底，达尔文往返于剑桥和伦敦两地，在剑桥和亨斯洛教授研究地质学课题,在伦敦和学术圈的朋友们交流动植物学方面的研究成果,同时和居住在伦敦的舰长菲茨罗伊商谈着手撰写环球航行的考察日记事宜。很快,第一篇有关达尔文带回英国的标本的研究论文就问世了。

1836年12月5日,昆虫学家沃特豪斯在昆虫学会上宣读了论文《记述国外昆虫的几个新种》,对达尔文采集的一些昆虫作了分析和说明,并把其中的5种甲虫用达尔文的姓名来命名。1837年1月4日,达尔文在地质学会上宣读了自己的第一篇论文《智利海岸在近代上升的证据考察记》,在场的亨斯洛、莱尔等人均表示赞赏。由此开始,伦敦的学者们基于达尔文带回的标本争先恐后地发表研究论文和著述,一时间这些文章占据了各大学会刊物的主要版面。

沃特豪斯随后又在动物学会上宣读了《达尔文带回英国的16种草食甲虫》的论文。著名鸟类学家古尔德连续发表了《达尔文先生采集的鸟类中的一组地雀》《达尔文先生最近赠送动物学会的五种鸟》《达尔文先生从加拉帕戈斯群岛采集的三种雀科鸣禽》等文章,其后又发表了一篇关于南美洲鸵鸟的论文,这种鸵鸟就被命名为"达尔文鸵鸟"。另外还有马丁、里德等学者对达尔文采集的猫属动物、四足兽、智鲁岛狐、犰狳等标本进行研究的文章。达尔文自己也发表了《关于地雀的记述》。

知名专家们的研究同样硕果累累。4月9日,欧文在地质学会上宣读论文《记述一种古代哺乳动物剑齿兽的头骨》。5月3日,达尔文宣读了《拉普拉塔河附近的古代哺乳动物埋藏层摘记》。5月31日,他又宣读了《从珊瑚构成物的研究推导出太平洋与印度洋中某些地区升降情形》。7月,亨斯洛教授发表论文《记述两个新物种:达尔文仙人掌和加拉帕戈斯仙人掌》。

达尔文环球考察的科学价值得到了学者们的肯定和赞扬。而这也仅仅是个开始,还有大量的标本和课题等待达尔文和同人们去研究。同时,舰长菲茨罗伊也开始安排考察日记的撰写工作。他计划把航海日记分成三卷出版,"小猎犬"号的两次考察经历各成一卷,达尔文的日记单独作为一卷。可正当达尔文准备整理自己的航海笔记时,一场大病不期而至。

1837年9月下旬,工作繁重、用脑过度和往来奔波击垮了达尔文,他在伦敦大马尔伯勒街的租住地病倒了。严重的心悸和头晕使他无法投入正常的工作和生活,不得已,他暂时放弃了手头的研究,回到什鲁斯伯里休养。

回到家中,罗伯特医生给儿子做了详细的检查,也无法确认病因,他认为可能是达尔文在考察期间染上了某种不知名的病毒。对于达尔文的病情,后世也做了不少猜测。幼年的达尔文身体比较强壮,他的家族成员也没有遗传的病史,所以他的病因基本上可以确定和航海旅行有关。达尔文第一次发病是在起航前,第二次是他探访巴伊亚的雨林后,第三次是在瓦尔帕莱索,这是第四次。而在达尔文随后40多年的人生中,这种病症就像魔鬼一样不定时地冒出来折磨他一番。根据他的症状和经历,究其原因,有两种说法比较可信:焦虑症和毒虫叮咬。达尔文发病时心悸、头晕、倦怠、麻痹、眼前发黑、胃痛痉挛、胀气呕吐的种种症状，以及通常在受到情感刺激和思想纠结时发病的特点，很符合焦虑症的特征。另外，5年的环球航行考察中，晕船、风餐露宿、饮食恶劣、丛林的毒虫叮咬把他原本强壮的身体免疫力消耗殆尽。由此不难看出，在达尔文的一生中，面对着长期的身体和心理的双重折磨，还能凭借顽强的毅力，做出如此多的研究和论述，建立如此伟大的理论，不能不让人敬佩之至。

在什鲁斯伯里休养两周后，达尔文又到美尔庄园小住了一段时间。小表姐爱玛像对待自己病重的母亲一样，悉心地照料达尔文的生活。而达尔文也没有彻底忘记研究工作，他感觉身体逐渐转好时，就在美尔庄园的一块土地里研究起蚯蚓对土壤的影响。爱玛经常会陪着达尔文散步和闲聊，也会好奇地看着这个小表弟像孩子一样蹲在地头目不转睛地盯着蚯蚓翻土。爱玛的善良、体贴、恬静吸引着达尔文，而爱玛也对达尔文的单纯、执着和专注暗自欣赏。本就是青梅竹马的两个人，随着年龄和阅历的增长，彼此暗生情愫。

经过一个多月的休养，达尔文逐渐康复，他又回到伦敦，继续投入自己的事业当中。1838年初，鉴于达尔文的重大贡献，伦敦地质学会提名他就任学会秘书一职。这可是学术圈对他的极大认可，达尔文兴奋地找到莱尔教授和亨斯洛教授通报喜讯。

成家立业

消息传到了什鲁斯伯里，罗伯特医生欣慰之余，转念一想，又产生了新的忧虑。他想着自己已一把年纪，而且长子伊拉斯谟斯此前已经宣布要独身，达尔文家族的血脉就靠小儿子传承了。于是，老医生试探性表达了自己的意愿。达尔文自回国以来一直全身心地扑在学术研究上，本无暇他顾，可是有个消息刺激了他。前不久，舰长菲茨罗伊来信告知，他和未婚妻已经举办了婚礼。那位姑娘此前苦等了远航的舰长5年之久，最终有情人终成眷属。达尔文深受感染，决心认真地考虑婚姻这件事。

对达尔文而言，结婚的对象不需要多虑，自然是已经心有灵犀的小表姐爱玛。唯一困扰他的问题在于该不该结婚。他想到了当初父亲考量他该不该去远航的逐条论证法，以科学家的严谨方式，郑重地铺开纸，写下了正反两方面的利弊，最后终于得出了可以结婚的结论。要是爱玛看到这个场景，必然会哑然失笑。

1838年7月的一天，达尔文心情复杂地前往美尔庄园。爱玛一如既往地安静、温柔，她安置好病重的母亲，坐在钢琴前，淡淡地弹起悠扬的曲子。达尔文坐在壁炉前，双眼充满了喜悦，不禁感慨：这幕场景不正是自己论证时梦想的美好生活吗？3个月后，在美尔庄园外那块研究蚯蚓的土地边，达尔文单膝跪地、正式求婚，爱玛毫不犹豫地答应了。两个家族本是世交，也有通婚的传统，达尔文的二姐就嫁给了爱玛的大哥，所以双方家长早就对二人的结合一致看好。一切顺理成章，但在订婚前，老医生罗伯特找来儿子，给了他一个中肯的劝告。

罗伯特郑重告诫儿子：一定要隐瞒自己怀疑基督教的观点。达尔文家族的祖孙三代都是无神论者，而韦奇伍德家族都是虔诚的基督教"唯一神"教派信徒。这个教派的教义与欧洲某些国家的天主教和英国的基督教新教均有不同，信徒们笃信只有一位上帝而不是传统基督教的"三位一体"说法，倡导个人行为正派，待人宽容和慈爱，对不同信仰的人采取不质疑、不争辩的随和态度。老医生的劝告不无道理，从过来人的角度，他担心夫妇二人婚后会因为信仰的不同产生难以弥补的隔阂，可达尔文并不这么想。

11月11日，达尔文和爱玛于美尔庄园订婚。仪式结束后，两人在庄园图书室的壁炉前，促膝长谈。达尔文不顾父亲的告诫，对爱玛说出了自己的心事。他坦承自己完全接受基督教的道德观，并且愿意相信永生和救赎的说法，但是却存在"诚实和认真的怀疑"，无法说服自己相信教义。爱玛听闻此言，陷入沉默。

爱玛·韦奇伍德1808年5月2日出生在美尔庄园，是乔赛亚的第9个孩子，也是最小的一个女儿。她自幼聪颖且好学，在伦敦的格列学校读了2年书，就能阅读法、德、意三国文字的书刊。她还常跟随父兄、姐姐们在国内和欧洲各地旅行。爱玛的容貌端庄、秀丽，高鼻梁、薄嘴唇、圆下巴，一双会说话的眼眸，一头棕色的鬈发垂于耳畔。她还多才多艺，缝纫、刺绣信手拈来，溜冰、骑马不在话下，不仅能歌善舞，而且弹得一手好钢琴。她曾短期师从著名音乐家肖邦，弹奏风格清新利落、灵动简洁而不乏细腻。爱玛永远是一个生性安静的女人，从不刻意宣扬自己的宗教观，而是一贯秉持着对信仰平静、执着的关注，她的内心想法仅表现于夹在《圣经》中的纸片、书目单和祷告笔记上。这样有知识、有见识、爱生活的完美淑女，自然是当地不少年轻男子的心仪对象。

可爱玛心里只有达尔文。此刻她被达尔文的坦诚所打动，但也知道自己没法说服他改变信仰。爱玛心里纠结的最大问题就是：爱人不信仰基督教，就无法死后与自己在天堂共享永生。她没有当面和达尔文探讨这个终极难题，以避免不必要的冲突。在随后给达尔文的信件里，她道出心声：

> 我头脑里的忧虑一扫而光。但自你离开后，那些痛苦的想法就会不自主地冒出来，原来我们在最重要的问题上看法居然如此不同。我的理智告诉我，诚实和认真的怀疑不可能是一种罪，但我也不得不承认，那也许是横亘在我们之间的一道痛苦的裂痕。

爱玛的终极难题同时也是达尔文的痛苦之源，二人终其一生也没有彻底跨过那道不可逾越的鸿沟。但是，两人都用一生的坦诚、尊重和爱，努力去消弭这种隔阂，即便在婚后的一起生活中，他们在讨论这个问题时，也一直采取纸条和信件的方式沟通。爱之深，就不惧痛之切。

1839 年 1 月 24 日，达尔文当选皇家学会会员。1 月 29 日，达尔文和爱玛举行了婚礼。双喜临门的达尔文，在美尔庄园附近的圣彼得教堂里，深情地望着新婚妻子爱玛。亲朋好友见证了二人的幸福时刻，可没人知道，他们同时也抱有巨大的勇气。次日，这对新婚夫妇搬进了伦敦北部上高威尔街 12 号的新居，开始新的生活。

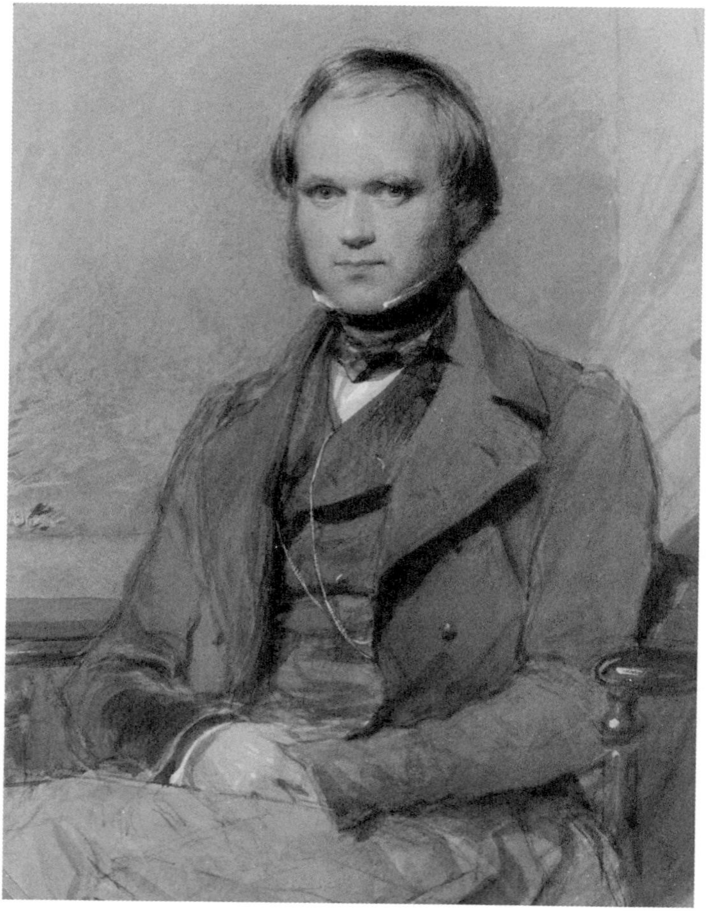

*
达尔文与妻子爱玛。

伦敦岁月

小夫妻一起收拾房间，添置家具，新婚的生活是忙乱而幸福的。达尔文把这所租来的房子戏称为"鹦鹉小舍"，因为客厅里的家具和窗帘色彩斑斓，几乎囊括了他在巴伊亚热带雨林里见到的金刚鹦鹉身上所有的颜色。爱玛对新婚生活的印象则充满了女人独有的感性，她在日记里记下了浪漫的瞬间："周四，我们并肩踏着伦敦的残雪前往布洛伍德琴行，在那里调琴，并询问是否能尽快送到家里。"

新婚的达尔文沉浸在幸福里，但他的学术研究并不敢有丝毫放松。除了和伦敦的博物学家们日常交流，达尔文在过去的两年间一直在默默地研究他心中那个"秘密中的秘密"，也就是关于物种起源的终极答案。其间，他整理环球航行的有关细节，在6大本笔记上记录了大量的思考和假设，试图找到解开秘密的钥匙。在对众多动植物以及地质演化有了大致认识后，达尔文逐渐把注意力转移到人类起源的问题上。他仔细研读了马尔萨斯的《人口论》，并受到启发，得出了关键的概念：自然选择是适应现象的机制所在。他意识到，"选择、变异、遗传"可能是生命法则的三大影响因素，而这个自然过程无须神的干涉，就能够解释所有生命形式的由来。但是达尔文并没有向任何人透露这个想法，因为他觉得此刻的想法只是假说，还需要更多的事实理论根据。达尔文开始关注更多的相关事实，观察动物园里的猩猩、身边的小动物、亲戚的婴幼儿的行为，回想火地岛野蛮人的生活状态,还会和父亲探讨精神病人的心智特点,试图在这些细节中找到人类和动物之间的异同点。

与此同时,达尔文也忙于整理、编纂菲茨罗伊舰长的考察日记第三卷的工作。1839年7月,全名为《菲茨罗伊率领的"小猎犬"号皇家军舰环球航行期内访问的各国的地质学和自然史的考察日记》的三卷著作出版了。由于达尔文编写的第三卷广受科学界和普通大众的欢迎,遂将其改名为《一个自然学家的"小猎犬"号环球之旅》,作为单行本出版,重印两次,仍然供不应求。达尔文还特地将这本书寄给了他的偶像洪堡。耄耋之年的洪堡读罢此书,盛赞其为"有史以来出版的最出色的游记",并回信表示祝贺,还因为得知达尔文当年读过他的著作《南美洲旅行记》后深受启发,而感到十分欣慰。这本书让达尔文再度声名鹊起的时候,病魔也再次来袭。1839年8月,他再次病倒了,这次的症状比1年前还要剧烈和持久。不巧的是,爱玛这时已经身怀有孕,她不得不同时担负起照顾自己和丈夫的双重责任。爱玛默默地打理着一切,在随后和达尔文共同生活的40多年里,她一如既往地面对任何困难。到了年底,达尔文身体终于逐渐好转,两人返回美尔庄园,等待第一个孩子的出生。

1839年12月27日,达尔文和爱玛的长子威廉降生。新生儿的到来给小家庭带来无限的活力,达尔文几乎经常待在婴儿室,观察儿子进食、睡觉、哭闹等一举一动、喜怒哀乐,并随时记在一个小本子上。爱玛认为这是丈夫初为人父的反应,殊不知,达尔文是通过观察人类婴儿的行为举止,来比较人和动物的异同点。爱玛则是和所有母亲一样，在日记里记下婴儿第一次微笑、第一次翻身等众多细节。达尔文身体康复后，一家三口返回了伦敦的小家。

1840年底，达尔文再次病倒。巧合的是，爱玛也和一年前一样有孕在身，这次除了照顾自己和丈夫，还多了一个1岁的小威廉。1841年3月2日，他们的大女儿安妮出生。安妮的到来，冲散了全家的所有烦恼，她一下子就成了达尔文和爱玛的掌上明珠。达尔文和之前观察威廉一样，也对安妮的行为、表情详细地观察并记录。他会趴在婴儿床前，一会儿用摇铃逗弄，一会儿伸出手指让婴儿抓，一会儿对着她做鬼脸，一会儿又拿出一面小镜子给她看，一会儿又坐在床边给她读诗。达尔文一边记录着安妮的反应，一边留意着安妮和威廉不同的行为和性格特征。而爱玛一般是在一旁轻柔地弹奏着舒缓的钢琴曲。

随着两个孩子渐渐长大，达尔文夫妇二人都想到了一个重要问题，那就是伦敦糟糕的环境。发展已近百年的第一次工业革命，赋予这座城市繁荣和富庶的同时，也带来了喧嚣和污染。达尔文每次和妻子在伦敦街头散步归来都会发现身上染了一层黑色煤灰，鞋子上沾着马粪。他们租住的"鹦鹉小舍"地处杂乱地区，街道上情况混杂，也不适于小孩子们玩耍。这样的雾都，无论是对小孩子还是病情时好时坏的达尔文，都毫无利处。两人都很怀念芒特庄园或美尔庄园那样的居所，风景美丽，空气清新，清幽僻静，出门就能亲近大自然，对孩子的成长和达尔文的研究工作都是最佳选择。可是考虑到达尔文虽然不愿意在伦敦的学术圈应付过多的应酬，但也不能彻底与之隔绝，他们决定找一处不远不近的住处离群索居。

迁居唐恩

功夫不负有心人，夫妇俩在看过了几处地方后，最终在好友的帮助下，找到了一处理想居所。唐恩是个只有40户人家的古老小村落，位于伦敦东南方向25公里处。村里有一座教堂，一个肉铺，一个面包坊，一家邮局，东西两侧都是山谷，只有南北两条小路可以通行。离村子不远处有一座荒凉的废弃庄园，房屋四周树木繁茂，还有花园和牧场。两人第一眼就看中了这个小地方，离村子中心有段距离，却也足够满足日常生活所需的一切，而距离伦敦又恰好是不远不近。

1842年9月，一家人搬进了修葺一新的唐恩庄园。已近临产期的爱玛仍然坚持尽着女主人的职责，指挥用人、保姆、雇工们安顿新家。10月初，他们的第3个孩子，次女玛丽降生了。可乔迁和新生儿带来的喜悦没有持续多久，玛丽在出生近三周后就夭折了。这个悲剧对达尔文打击很大，他再次病倒，并且无力参加小女儿的葬礼。爱玛同样悲痛，可她隐忍自己的情绪，全心照顾丈夫和两个幼儿，希望他们能尽快渡过这个难关。可是达尔文和爱玛都不曾预料到，他们在这座宁静美丽的唐恩庄园生活的40年中，与欢乐和幸福相伴的是一次次磨难和痛苦。

她身材挺直,头总是稍稍后仰,
好像要以她的乐观对抗整个世界。

———
选自达尔文为女儿安妮所作的悼词

第八章

1851

爱玛·安妮

1851年4月23日

莫尔文矿泉村

中午时分,安妮平静了许多,达尔文用湿布给她擦着额头。就在前一晚,安妮突然开始神志不清、呼吸苦难,但她并没有特别剧烈的反应,而是嘴里喃喃地说些呓语。达尔文把耳朵凑上去,发觉女儿是在顽强地想唱歌,但不成曲调。过了一会儿,旁边的保姆突然哭了起来。原来,安妮已经悄无声息地离开了人世。达尔文跪在床前,把头埋在被子里,默默哭泣。他甚至不敢放大声,生怕吵到安详的女儿。与此同时,远在唐恩庄园的爱玛还不知情,她独自走到安妮的小花圃里,摘了一朵女儿最爱的黄水仙,并用纸小心地包起来,记下"采于1851年4月23日"。

理论与信仰

达尔文和爱玛渡过了短暂的身心双重打击后,开始着手营造新的生活。唐恩庄园是一座三层砖石构造的老房子,达尔文对庄园内外都进行了大幅改造,为一家人提供舒适的生活环境。他重新装修了所有房间,地下室用作厨房和储藏室;一层是餐厅、工作室和一个宽敞的客厅,在客厅外面新建了可以眺望风景的落地凸窗;二层是达尔文夫妇和孩子们的卧室和学习室;三层是仆人们的住处。庄园外面是达尔文买下的方圆7万平方米的草地,他雇人修建了果园、花园、菜园、牛棚、马厩,栽种了果树、花草、蔬菜,喂养了牛、马、猪、鸡、鹅等牲畜。草地远端栽种了一小片树林,树林四周种植了矮灌木丛以及用细沙铺就了小径。树林外面的草坪上安置着长椅,对面两棵高大的紫杉树之间挂着一架秋千。唐恩庄园宛然一派世外桃源的景象。

在这宁静优美的环境里,达尔文得以潜心于自己的研究工作,爱玛则管理着家里的大事小情。照顾一家大小的起居,管理上上下下的仆人,迎来送往亲朋好友,教育孩子们,爱玛都打理得井井有条。在达尔文发病的时候,爱玛还会给他读诗或者演奏钢琴,以缓解他的焦虑情绪。

达尔文在唐恩庄园的生活简单而规律,除了一日三餐,他都埋头在工作室里研究标本或书写论著。平日里达尔文都尽量谢绝学术圈的社交活动,而受邀来到唐恩庄园的朋友更是少之又少,胡克就是其中一位。

*

达尔文工作室左侧内景,壁炉前摆放着一把扶手椅。

*

达尔文工作室的正面,墙上悬挂着他自己以及父亲、祖父的画像。

*

达尔文工作室右侧的书架,上方陈列着大量书籍,下方存放着手稿。

*

达尔文工作室的房门内景,摆放着地球仪和扶手椅。

约瑟夫·道尔顿·胡克和他父亲一样，是一位植物学家。他和达尔文颇有渊源。胡克的父亲和莱尔的父亲是至交，而胡克的妻子正是亨斯洛教授的女儿。胡克和达尔文第一次会面是在1839年。那时，胡克正要开始自己的南极考察之旅，出发之前他收到了莱尔父亲赠送的达尔文考察日记的校样稿。胡克一读之下深感钦佩，于是通过一位"小猎犬"号的老船员介绍，在伦敦的一座公园里会见了达尔文。两人共同的爱好，使交谈极为愉快。达尔文对即将远航的、比自己小8岁的胡克倾囊而授，并在随后的日子里频繁通信交流。两人的友谊自此缔结，并伴随终生。

　　1839～1843年间，胡克作为舰队的军医兼植物学家完成了南极考察之旅。他的旅程几乎是达尔文随"小猎犬"号走过的，特内里费岛、圣地亚哥岛、南美洲东海岸、火地岛等地，都留下了胡克的足迹。所以，胡克回国后，自然而然与达尔文成为无话不谈的、学术上和生活上的好朋友。胡克时常造访唐恩庄园，一待就是一两周时间，他一边帮助达尔文整理植物标本，一边和达尔文探讨学术上的种种课题。胡克的直率性格和相同的学术思想打动了达尔文。1844年1月，达尔文在信中向胡克透露了自己的学术秘密，即关于物种起源的理论。胡克对达尔文的理论十分支持，鼓励他尽快完成手稿，并承诺协助其出版。

　　1844年7月，达尔文把2年前写成的35页的理论提纲扩充为230页的《物种理论概要》，即未来出版的巨著《物种起源》的前身。可是在完稿后，达尔文并没有一点兴

*
约瑟夫·道尔顿·胡克（1817 ~ 1911）。

奋之感，反而心里像压上了一块巨石。因为就在前不久，英国出版了一本《自然创造史的遗迹》，作者并没有署名。后来得知，作者是苏格兰一位书商罗伯特·钱伯斯，他在书中提出了"进步进化论"，阐述了地球上所有生物在地质学发现上呈现出了由低等到高等的逐步进化的现象，他的依据来自古生物化石研究、物种形态上的相关性和动物胚胎学上的不同发展阶段。虽然钱伯斯不是一位专业的博物学家，提出的理论和依据都站不住脚，可他的著作在英国还是引起了轩然大波。众多学者站出来反对他的理论，其中表现最激烈的当属地质学家、达尔文的老师塞奇威克教授。钱伯斯的理论触及了当时流行的"上帝创物论"，所以遭到了宗教和学术两方面的共同讨伐，这也正是他不敢署名的原因。

可想而知，这件事给达尔文带来了前所未有的压力。他坚信自己的理论远远优于钱伯斯的假说，但是这就意味着如果他把理论发表，将会面临着比之更剧烈的非议。他个人将会遭遇何种待遇，他的妻儿将会面临何种困境，不堪设想。但是，自己十多年奋力求索、忍受病痛而得出的理论无法面世，达尔文绝不甘心。就在这两难的困境中，他再次病倒了。困苦中的达尔文甚至做了最坏的打算，他给爱玛写了一封遗书：

> 我刚刚完成关于物种起源理论的纲要。如果……我的理论是正确的，哪怕它能够被一位称职的评论家所接受，就必将是科学发展上极重要的一步。因此我写下最为郑重、也是最终的请求。我确信你将

视之为合法的遗嘱，万一我突然去世，请你从我们的财产中捐赠400英镑使之出版。

达尔文还详细地向爱玛说明了出版中所有需要注意的细节问题，以及指定好友胡克负责出版工作。由此可见，达尔文的决绝之心。

达尔文郑重地把手稿交到了爱玛手中。爱玛心情的复杂程度绝不亚于达尔文。关于信仰的问题，自结婚以来就是夫妇二人心照不宣的隔阂。如今达尔文的手稿已经完成，爱玛无法再回避这个问题。一旦这个理论发表出来，后果谁也预料不到。但她先是仔细地阅读了手稿，并细心地指出了其中文字上表述不清之处，还对有些论据提出了她的质疑，她要尽最大的努力去理解丈夫的理论。最后爱玛也郑重地承诺，如有意外发生一定完成出版的任务，绝不会辜负达尔文的一生心血。爱玛并没有放弃自己的信仰，但是此刻充塞于胸的是爱和勇气。

得到爱妻的承诺，达尔文如释重负。同时他也明白爱玛心里承受的背叛宗教信仰的巨大压力，达尔文安慰地拉起妻子的手说道："陪我散散步好吗？"

沙径与藤壶

夫妻二人走在树林外的一条细沙铺就的小径上，深情的牵手代替了千言万语。这条小径围绕着庄园外的小树林而建，极为幽静。平日里，达尔文忙完一上午的研究工作，在午餐前一定要到沙径上散步，边走边思考。

家里人都把这条小径叫作达尔文的"思想之路"。他散步的标准是，绕着树林要走满5圈，为了方便计数，达尔文会在入口的地方摆上5颗小石子，每走完一圈就踢走一颗石子，直到石子被踢光，他便可以回家吃午餐了。达尔文的孩子们经常会在树林里玩耍的时候，听到父亲散步时手杖敲打路面的有节奏的嗒嗒声。有时候，孩子们为了贪玩，就恶作剧地趁着达尔文不注意，偷偷把他踢走的小石子再捡回来，这样就能让达尔文在沙径上多走几圈，以便晚点回去吃饭。

达尔文进化论思想并不只是在"思想之路"上冥思而诞生的，他除了研究环球航行带回来的标本，还寻求更多的研究课题来得出更丰富的论据，以期支持自己的理论。他曾经在树林边上用树枝做的小栅栏围起一小块只有1米见方的地块，长期观察、记录这块土地上自然形成的植物种类。经过几年的记录，他惊讶地发现，如此小的一块地上竟然最后生出了20多种植物。这又是一个生物多样性的直观证明。除了植物，达尔文在唐恩庄园这几年间，花费了大量的时间和精力研究一种平凡而奇特的动物——藤壶。

藤壶是发源于4亿年前，种群遍布世界各地的一种蔓足类节肢动物。其幼虫浮游于海水中，成体有着钙质外壳和6对附肢，通常附着于海边岩石、木桩、船底以及动物的身体上。就是这种寻常可见的，海边玩耍的小孩子和出海的船员们最熟悉的海洋小动物，花费了达尔文前后共8年的时间来研究它。藤壶虽小，但它种类庞杂，外形构造和内部生物特性千差万别，对博物学家来说是研究一个物种的分类学的绝佳选择，而且更重要的是，达尔文试图在这个单一物种的研究中，验证自己的生物进化理论。

达尔文的工作室里存放着大量的各地朋友寄来的和自己采集的化石、标本和活体的藤壶。他的工作台上放置着一台单筒显微镜、一台复式显微镜、几本笔记本以及一大堆解剖工具。经过长期的、大量的解剖分析，达尔文对藤壶的研究得到了极有价值的发现。

首先，他根据藤壶的不同结构和习性构造了一个"原型蔓足类"的生物分类学系谱，基于它们身上上百个确定的相似性和奇妙的变异现象，对它们进行详细的分类，归于多达四层结构的系谱树中。如此渺小的一个物种即有如此复杂的分支谱系，那么更高级的物种，爬行动物、哺乳动物以及人类的谱系岂不是更为复杂多样？

其次，对藤壶的研究中，达尔文还拓展了两个研究方向：不同物种之间的变异；幼虫到成体的转型过程。他在远古的藤壶化石上辨别出17个体节，其中前3个体节与雀鹛属的鸟类构造相同，后14个体节则与寄生石砌属动物的结构一样。达尔文想到这种不同物种间的异同正是漫长的演化过程中器官变异和退化造成的。他还观察到，藤壶的幼虫和成体的触须有明显差别，前者用于触摸和运动，后者则发展为一种器官，用于吸附物体表面。由此可见，动物的器官是可以改变形式和功能的，这种"用进废退"的过程，就可以解释为什么不同物种间存在的巨大差异以及同一物种的多样性。

最后，达尔文还发现了一个令人惊讶的事实，那就

达尔文工作室的工作台,上面摆放着显微镜,旁边还有一些化学药品。

是大多数藤壶都是雌雄同体的。而其中某些雌雄同体的藤壶也在逐渐演化过程中，经过器官的退化而演变成了雌雄异体的个体。这也就可以推断出现有的所有物种都是从远古时代的雌雄同体演化成如今的单性别个体。小小的藤壶，就能够展示大自然神奇漫长的演化过程，这让达尔文对自己的物种起源理论更有信心。

达尔文常年沉迷于研究藤壶，在不懂科学的家人、朋友眼中，是一件咄咄怪事。孩子们也都不明白父亲为什么把自己关在房间里一整天鼓捣那些硬壳小动物，都不陪他们玩。有时候，他最爱的大女儿安妮就会闯进工作室，抱着他的脖子、坐到他腿上，缠着达尔文给她讲好玩的故事。

珍妮与安妮

在搬入唐恩后的 8 年间，庄园里又诞生了 2 女 4 男一共 6 个小成员。在 8 个大大小小的孩子的教育问题上，爱玛和达尔文出奇地保持了一致的态度。夫妇二人都认为童年期间的孩子就应该任其自由成长，没有富绅家庭礼仪的约束，也不需要过早地安排家庭教师教授文化知识。但同时，他们也鼓励孩子们阅读自己喜爱的书籍，到庄园外的大自然去探索，启发他们思考并分享自己的兴趣。所以，在唐恩庄园里，没有任何清规戒律，孩子们都享受着无忧无虑、无拘无束的生活。唐恩庄园的楼梯上，有一个特殊的装置。那是达尔文设计的一架滑梯，他请村里的木匠做了一块长板，两侧安装了木扶手，长板的一端凸出一块平板,可以稳稳地搭在任何一级楼梯台阶上。孩子们有的抱着枕头,有的站立着,有的头朝下,以各种姿势欢快地排着队玩滑梯,不亦乐乎。这个承载着童年欢乐的滑梯,在随后的达尔文家族的每个子孙成员的家里,都成了标准配置。在那充满欢笑的几年里,唐恩庄园里经常出现的场景就是:孩子们到花园、树林里疯玩后,个个浑身泥土,偷偷溜进后门,坐在楼梯上脱掉脏靴子,闻着饭菜的香味,欢闹着跑进餐厅。

在所有的孩子里,达尔文夫妇最喜爱的就是长女安妮。安妮并不是一个很漂亮的女孩子,母亲爱玛甚至调侃她继承了达尔文的一对"招风耳"。但这个女孩子却也继承了父母二人"一静一动"的特点。

安妮从小就喜欢阅读和朗诵,在庄园里的沙发上,总会看到她捧着《格列佛游记》《一千零一夜》这样的书籍,静静地读着。她跟妈妈学会了刺绣、缝纫等淑女应该掌握的针线活,还学会了写信。她有一个心爱的写字盒,里面放着各种鹅毛笔和漂亮的信封和信纸。她经常学着大人的样子,给自己的亲戚长辈和要好的小伙伴写信。她还像妈妈一样对所有人满怀关爱,对仆人礼貌宽容,对弟弟妹妹疼爱异常,尤其对达尔文时刻表现出关心和依赖。每次当达尔文身体不适时,她会惴惴不安地陪在父亲身边;当达尔文出门时,她就会细心地整理父亲的乱发、抚平衣衫的皱褶。

而到了庄园外,她又显得充满活力。安妮对大自然的好奇心和幼年达尔文如出一辙,栽种花草、捕捉甲虫、收集标本样样精通,比男孩子还要胆大。在达尔文夫妇的眼里，安妮已经从最初在庄园里跌跌撞撞、步履蹒跚的一岁半小宝宝，变成了带领弟弟妹妹们在树林里、山谷中寻宝的大姐姐。长子威廉外出上学后，安妮就成了孩子头。她常常带着弟弟妹妹去远处山谷上方的一处坡地上采集花朵，那里盛产各种兰花，孩子们都把那里叫作"兰花坡"。

安妮对博物学的兴趣和感知远远优于其他的孩子。她喜欢缠着达尔文问这问那，甲虫的种类，藤壶的习性，兰花的授粉和移栽，恐龙化石，她都想搞个明白。虽然小小年纪的安妮理解不了达尔文的高深学问，但她强烈的好奇心和求知欲，让达尔文倍感欣慰，很愿意讲解给女儿听，也希望有一天安妮能继承自己的事业。当然，安妮最喜欢的还是坐在达尔文的膝头，听父亲讲各种远航的趣闻。

"爸爸，再给我讲讲火地岛的土著人吧？"安妮兴致勃勃地请求道。

"不讲那个吧，都说了好多遍了。"达尔文抱着女儿说道，"今天我给你讲讲珍妮的故事吧！"

"珍妮？"安妮有点失望了，"是谁家的女孩呢？"

"珍妮是一只红毛猩猩，"达尔文继续讲道，"和你一样漂亮。"

"猩猩？"安妮眼睛睁得大大的说道，"怎么会有我漂亮呢？"

"哈哈，确实没你漂亮，"达尔文捏了捏女儿的鼻子，"不过，它和你一样聪明！"

"那更不可能了！"安妮一撇嘴，"猩猩又不是人！"

*

黑冠猴平静的表情，黑冠猴被爱抚后快乐的表情。

*

黑猩猩忧郁的表情。

"宝贝,你要是见到它就会相信了。"达尔文接着描述道,"你知道吗,它会自己穿衣服,用调羹吃饭,开心时蹦蹦跳跳,不开心时就发脾气,还会吹口琴呢!"

"真的呀爸爸?"安妮一下子好奇起来,搂着达尔文的脖子摇晃着央求道,"那你给我好好讲讲吧。"

珍妮是一头来自东南亚的红毛猩猩的名字。1837年,达尔文在伦敦动物园第一次见到了它。当时的英国人很少见到活的猩猩,所以当动物园展出时,人们纷纷赶去瞧个稀罕。达尔文通过朋友的安排,得以近距离地观察猩猩的举动和表情,并且尝试与它交流。但是他可不是去看热闹,而是要从生物学的角度去研究这个与人类极其相似的物种。

珍妮很聪明,在饲养员的训练下,它学会了穿衣服,使用杯盘和调羹,坐在桌前就餐。它的智力、动手能力、表情、情绪和人类两三岁的儿童相当。生病时,它会像婴儿一样哭泣;饲养员故意不给它苹果时,它也会像小孩子一样发脾气。为了进一步研究珍妮的感知能力,1838年的一天,达尔文带了几件东西来到动物园。他先拿出了薄荷糖和马鞭草,随即发现珍妮很喜欢糖的味道和马鞭草的气味。随后,达尔文又取出一面镜子递给它。珍妮对着镜子从各个角度端详,看得兴趣盎然。最后,达尔文拿出一支口琴,对着它吹奏起来。珍妮好奇地抢过口琴,也放进嘴里吹起来,发出不成曲调的呜呜声。达尔文佯装生气要打它,珍妮马上躲到墙角,用毯子把自己盖了起来。

于是,达尔文陷入沉思:猩猩这个物种,从外形和

*
40 岁的达尔文。

习性上明显与人类之间存在着巨大的鸿沟；同时，在行为、表情、感情很多方面又是如此相似。在随后几年里，达尔文通过对自己一对儿女在婴儿期的行为观察，逐渐形成了人类起源的理论思想：红毛猩猩、火地岛的野蛮人、现代人类，很可能是同祖同源的，只不过在漫长的演化过程中走上了不同的发展之路。

安妮听得津津有味，吵着让达尔文带她去看珍妮。可是达尔文却没有精力去伦敦游玩了，他的身体越来越差。

水疗与肺痨

1849年初的冬日，达尔文再次被病魔击垮。头晕目眩，双手颤抖，剧烈呕吐，这些熟悉的症状把他折磨得无法再进行任何研究工作。经过"小猎犬"号一名老船员的介绍，达尔文决心尝试一下所谓的"水疗法"。

这年初夏时节，达尔文夫妇、孩子们、保姆和仆佣，一家大小打点行囊，登上火车，奔赴伍斯特郡的莫尔文小镇。孩子们都是第一次体会铁路旅行，一路上兴奋异常。经过大半天的旅程，再换乘马车，最终一行人抵达了小镇。

莫尔文是一座西面临山、东方依水、树木茂密、环境安谧、空气清新的矿泉小镇。达尔文租好别墅，安顿好家人，就去拜访格利医生。在彼时的英国，对常年受慢性病困扰的病人，医生们大多采用催吐剂、通便剂、泻药甚至鸦片等猛药，往往会让病人病情加重，乃至痛不欲生。格利医生和几位同人发明了"水疗法"，试图用这种温和的手段缓解病患的痛苦，最终治愈疾病。

格利医生给达尔文制定了详细的治疗方法：改变饮食结构，以清淡为主；每天早上用冷水冲洗；每天两次冷水足浴；胃部按摩；用湿布单裹起身体，再用煤油灯慢烤以便发汗；治疗时演奏舒缓音乐。以今日的现代医学角度来看，这种疗法不一定是科学的，但是却在一定程度上促进了患者血液循环，调节了消化系统，缓解了精神压力。

经过3个月的水疗，达尔文出乎意料地康复了。刚来到莫尔文小镇的时候，达尔文连走路都需要人搀扶，现在他可以牵着爱女安妮的小手在小镇旁边的森林里，一边散步一边给女儿讲解树木的种类和此地的地质特征。

达尔文一家回到唐恩时已是入秋时节。为了巩固疗效，达尔文雇人在花园的水井旁建了一间特殊的小木屋，屋顶上安装了储水槽。每天早上，仆人负责把井水抽到屋顶的水槽里，达尔文在房里拉动绳子，水槽的开关被打开，冷水就从高处倾下，冲在他的后背上。在孩子们的记忆中，那段时间，每天早上都能听到父亲在小木屋里发出的痛苦呻吟声。

随后的一年间，达尔文的身体状况尚好，心情也舒畅了许多。除了重拾自己的研究工作，他还有兴致和家人一起外出短途旅行。1950年夏天，达尔文和家人到肯特郡的海边度假，大人们在沙滩上休息、野餐，安妮带着弟弟妹妹们捡拾贝壳、海星，在海滩上翻跟头、做游戏，一家人其乐融融。可意外的是，等到旅游结束回家后，安妮突然病倒了。

起初的几天，家人并没有在意，安妮只是有些食欲不振、没精打采。谁知没过几天，安妮就开始发烧、头痛。达尔文十分心焦，带着女儿到伦敦求医问药。接下来的一年里，安妮的病情时好时坏，最终达尔文决定带女儿重返莫尔文。爱玛为了照顾其他的孩子，无法跟随前往，只能在庄园门口忍着泪水送别父女俩。

1851年3月，达尔文、安妮及其保姆来到了熟悉的矿泉小镇。安妮接受了一系列水疗手段，可是柔弱的安妮并没有达尔文幸运，她的病情越来越重。4月22日晚，安妮开始出现脉搏紊乱、手脚冰冷、呼吸困难、不停呕吐、神志不清的症状。次日中午，安妮安静地离开了人世。达尔文悲痛欲绝，甚至不忍参加女儿的葬礼，直接返回了唐恩庄园。安妮安葬在莫尔文小教堂的墓园里，墓碑上仅刻着生卒年月和"一个可爱、善良的孩子"。

根据安妮的症状来看，她很可能罹患了肺结核，也就是俗称的肺痨病。以当时英国的医疗手段，肺结核是无法治愈的。而且在那个时代，儿童的夭折率高达20%左右，一般家庭都儿女众多，对失去一个孩子的感受远达不到我们今人的痛苦程度。可是安妮的病故对达尔文夫妇的打击非比寻常。

爱玛一看到达尔文独自归来，就知道意味着什么。为了不让其他孩子们伤心，她偷偷地躲到了花园里，在安妮自己培育的小花圃旁，看着那些女儿最爱的花朵，默默落泪。在收拾遗物时，爱玛保留了女儿心爱的写字盒。在盒子里，放着安妮最喜欢用的信纸和信封，亲手制作的刺绣品，尚残留墨迹的笔尖，还有一缕她的头发安放在最隐秘的角落里。安妮从小就表现出的坚强和仁爱，很符合爱玛的宗教信仰。爱玛坚信女儿长大后会像自己一样，成为一名淑女，也会找到真爱，组建家庭，生儿育女。可是这一切，都在这个春天戛然而止，可爱的安妮在人间只度过了10个春秋。

达尔文由于安妮的突然离世，再度陷入病魔的纠缠之中。他独自坐在草地中的长椅上，望着那昔日飘荡着女儿欢声笑语的小树林，浑身颤抖，脸色苍白。此刻的他，心中充满了悲痛、悔恨和愤怒。

安妮是他最喜爱的女儿，也是他的希望。所有孩子里面，最懂事的、最能理解达尔文毕生坚持的梦想的就是安妮。达尔文悲痛欲绝，不忍再触碰女儿的任何一件遗物，生怕勾起自己的回忆。他把所有的情感写进了给女儿的一篇悼文中：

> 我们可怜的孩子，安妮，1841年3月2日生于上高威尔街，1851年4月23日病故于莫尔文。我写下这几页文字的目的在于，如果数年之后我们还健在，那么现在记录下来的印象将更生动地再现她的性格。无论从哪个角度回想她，立即呈现在我眼前的主要形象就是她那活泼开朗的性情……几乎无论何时，她都会花上半小时来整理我的头发，或者抚平我的衣领或袖口……她身材挺直，脑袋总是稍稍后仰，好像以她的乐观来对抗整个世界……在最后的重病阶段，她的行为举止，简单说来，宛如天使。从不见她抱怨和发脾气，甚至她会更加体贴别人。对于为她所做的任何事情，总以最温和、惹人怜爱的语气表示感谢……我们失去了家庭里的快乐源泉

和晚年的慰藉，她必定知道我们是多么爱她……祝福她。

痛苦之余就会产生悔恨。达尔文开始怀疑是自己的疏忽，导致在女儿生病的初期没有在意，以致耽误了病情。另外，在基督教的教义里，死亡往往意味着罪恶和救赎。难道是自己不相信基督教招来了上帝的惩罚，施于女儿的身上？

悔恨的尽头就是愤怒。达尔文悲愤地质问上帝：既然人人都说，上帝创造了世间万物和芸芸众生，可为什么上帝送给他们夫妇如此可爱、懂事的女儿，又在短短10年后，就无情地从他们身边夺走？不，根本没有上帝！

自此以后，他不再参加每周全家人的教会礼拜活动。达尔文放弃了对上帝的最后一丝幻想。高山与河流，岛屿与海洋，多姿多彩的植物，千差万别的动物，猩猩、野蛮人和文明人，这一切的一切，都是在漫长的时间长河里，遵循着自然的法则，演绎出抬升与下落、繁荣与灭绝、生存与死亡的复杂剧情。而这个自然的法则，即是达尔文毕生追寻的进化论真理。

达尔文从此坚定了追寻真理的决心，在随后的几年中，他强忍着病痛，坚持在动植物方面的研究，以获取更多能支持他理论的证据。因为他知道，一旦自己的理论发表，一定会面对强烈的反对声音，所以他必须尽可能做到万无一失。

1856年底，达尔文夫妇的第10个孩子降生。可是，这个最小的儿子在仅仅一岁半的时候，染上了村里流行的猩红热，生命垂危。达尔文在唐恩庄园这些年里，遭遇了太多的亲人亡故之痛：1842年次女玛丽夭折，1843年亲爱的舅舅即爱玛的父亲乔赛亚撒手人寰，1848年父亲罗伯特经过几年的病痛折磨后辞世，1851年爱女安妮病故。现在，最小的儿子也眼看着要离他而去。达尔文不堪重压，再度陷入了病痛的折磨中。而就在此时，一封来自遥远的马来群岛的信，就像压垮骆驼的最后一根稻草，把他推到了崩溃的边缘。

谈到名声、荣誉、快乐、财富这些东西，如果同友情相比，它们都是尘土。

———

查尔斯·达尔文

第九章

1859

巨著・挚友

1859 年 11 月 24 日

唐恩庄园

达尔文坐在庄园外的长椅上,他穿着厚厚的外套,可仍然控制不住双手剧烈的颤抖。那本倾注毕生心血的著作就在不远的伦敦城里上市发售。可他并没有一丝喜悦和满足,阴霾如伦敦的浓雾笼罩心头。达尔文抬头望向那片熟悉的小树林,似乎听到了安妮的欢笑声,看到了爱女举着一把野花,向着庄园飞奔而去。

"安妮,是你吗?"达尔文站起身来,对着空荡荡的前方说着,"安妮别走!告诉我,爸爸的选择是不是正确的?"

华莱士来信

1858年6月18日，达尔文还挣扎在小儿子生命垂危的焦虑中，一封来自遥远的东南亚加里曼丹岛的邮件摆到了他的案头。他双手捧着信件，一边读，一边不由自主地颤抖起来。邮件里有一封短信和几页论文，上面署名为——阿尔弗雷德·华莱士。

阿尔弗雷德·华莱士，1823年生于英国威尔士的普通家庭，年轻时做过教师。25岁时偶然阅读了洪堡和达尔文的著作后，华莱士迷恋上海外的探险旅行。1848～1852年，他赴南美洲亚马孙河流域考察。1854年，华莱士作为土地丈量员奔赴新加坡，在随后长达8年的时间里，他在马来群岛进行了考察工作，一共收集、制作了12.5万个标本，其中包括上千种未被发现的新物种。

由于之前在英国时，华莱士对达尔文的学识很是钦佩，就与达尔文有过一面之缘，所以在东南亚考察期间，他不断和达尔文通信，交流在考察工作中遇到的生物学上的疑问和产生的学术想法。1858年，华莱士在加里曼丹岛不慎感染疟疾，只得停下工作，卧床养病。在此期间，他有更多的时间思考过去几年考察中遇到的种种生物特性，继而用三天时间，写出了一篇关于生物进化的论文。华莱士把论文寄给达尔文，并在信中表示，如果达尔文觉得论文有价值，烦请推荐给莱尔教授发表。

达尔文很快读完了那篇论文，宛如晴天霹雳。文中谈及自然界中生物的生存竞争、变异和进化的观点，也提及了马尔萨斯的《人口论》，最后同样提出了"自然

＊
阿尔弗雷德·华莱士（1823 ~ 1913）。

选择"这个重要概念。达尔文反复阅读华莱士的论文，其内容清晰、简明，如同就是自己在1844年写就的《物种理论概要》的提纲一样。

达尔文跌坐在椅子上。要知道，一项新理论的荣誉只属于第一个发表的人，在科学界的亚军毫无意义。他耗尽20多年心血而成的进化学理论，由于没有及时发表将化为乌有，所有荣誉会被这个无名后辈捷足先登。100多年前，伟大的牛顿爵士就因为迟迟没有发表自己的理论，而陷入了与莱布尼茨长年的微积分发明权之争。达尔文一方面心灰意冷，另一方面他的一生为人也不允许自己利用当下的知名学者身份压制后辈。他把论文转给了莱尔教授。

莱尔与胡克

莱尔收到华莱士的信和论文也是吃惊不小，不禁慨叹，因为此前他曾屡次劝说达尔文发表他的进化论。莱尔一时手足无措，于是找来胡克商量。二人一番商讨，得出了结论：达尔文和华莱士是各自独立建立了进化论学说，而在创立时间上达尔文确实占先，并且达尔文的理论具有更丰富、更有说服力的论据。于是，二人决定敦促达尔文写一篇理论概要，和华莱士的论文一起发表。

7月1日，莱尔教授在伦敦林奈学会的年会上先后宣读了达尔文和华莱士的进化论论文。林奈学会创立于1778年，是为了纪念瑞典博物学家卡尔·林奈的学术机构，会员多为当世的著名生物学家。当天，两位作者均未到场，达尔文在唐恩庄园参加葬礼，儿子小查尔斯年仅一岁半就因病离世；而华莱士还远在马来西亚。他们的论文在学会上并没有引起多大的反响，也许是学者们对这两篇简短的论文只视作一种假说而已，并没有坚实的论据支持。

达尔文和华莱士的理论优先权问题得到圆满解决，两人更是由此成为学术上的伙伴，顿生惺惺相惜之感。达尔文很欣赏华莱士的清晰思路和简洁文笔；华莱士对达尔文的深厚学养和宽广气度更加钦佩，并表示愿意充当拥护达尔文理论的"达尔文主义者"。尽管后来华莱士在学术方向上有所偏离原来的轨道，但这两人的事迹也是科学史上的一段佳话，他们严谨、包容的治学态度值得后世学者们学习。

达尔文的论文宣读后，莱尔教授就一再督促他出版完整的进化论著作，胡克更是频频登门拜访，恳请他尽快整理书稿。经过华莱士论文的刺激，而且此时达尔文已年近50岁，他终于有了紧迫感。小儿子的病故让他悲痛不已，也让他想起了爱女安妮，他再一次深刻认识到自然选择的残酷性。

人们大多沉醉于欣欣向荣的草原，生机勃勃的雨林，浩瀚壮阔的海洋，可达尔文知道，那同时也是自然界的残酷战场。从种子、幼苗到成株，从卵子、幼虫到成体，从胚胎、婴儿到成年，植物、动物和人的每一个生命阶段中，都面临着生存的竞争。每一种生物都不得不为生存而奋力竞争，即便如此，也不免会遭遇灭顶之灾。这场战争无时、无刻、无处不在上演，在恐惧来不及出现的时候，死亡往往不期而至。而强壮、健全或幸运的个体得以生存下来，进而通过繁殖来壮大自己的种群。达尔文做出这样的比喻：

> 有一种力量，就像是成千上万个楔子，试图迫使每一个适配的部分都插入自然体系的空隙中，或者通过挤掉弱者而形成空隙。

达尔文决心要揭示这个自然选择的残酷法则。

巨著诞生

达尔文终于开始动笔了，在出版商的建议下，他不得不把此前积累的1000多页书稿缩减至500页左右。在著书的一年间，达尔文依旧受到了病魔的困扰，为了能随时进行水疗来缓解痛苦，他索性在书房的角落里安装了水浴装置。在此期间，莱尔帮他东奔西走联系出版事宜，胡克经常来到唐恩庄园和他探讨学术上的问题，而对达尔文帮助最大的无疑是妻子爱玛。

这一年，夫妇二人已年近半百，相依相伴了二十载，他们之间已经形成了默契。虽然那横亘在两人之间的信仰的"痛苦裂痕"从未消弭，但爱玛勇敢地抛下改变达尔文信仰的执念，也不再纠结于是否能在天堂重聚，而是全身心地投入协助丈夫著书的工作中。达尔文生病时，爱玛既要照顾他还要想方设法舒缓他的情绪，平日里要协助他做实验，更重要的是做好他的书稿审校员。爱玛以一个普通读者的角度，逐字逐句地审读手稿，校对错误的文字、梳理不通顺的句子，遇到较专业的部分还要和达尔文探讨一番。爱玛对达尔文付出了全部的爱和勇气。

1859年11月24日，全文502页、包裹着素雅的绿色封面的巨著《依据自然选择的物种起源》（简称《物种起源》）在伦敦正式发售。该书提出了对后世影响巨大的"物竞天择、适者生存、遗传变异"等观点，进而建立了简明的"自然选择"的进化论学说。全书共包括15章，按内容分为三大部分：第一部分以他饲养的家鸽为例，证明了通过人工选择造成了家鸽亚种之间的巨大性状差异。随后再把目光转向自然界，物种通过随机变异和生存斗争及遗传，导致了生物的多样性特点，由此建立了"自然选择"观点；第二部分，达尔文站在反对者的立场上向进化论学说提出了质疑，并做出详细的分析和解释；第三部分，他阐述了生物在地质变迁中的物种演替，以及从形态学、胚胎学、器官残迹等方面再次验证自然选择的理论。

《物种起源》不仅提出了石破天惊的理论，而且行文思路明确、逻辑清晰、深入浅出、态度低调，更重要的是极尽详细的大量事实论据，无论是对专业的博物学家或是普通读者，都是浅显易懂的。达尔文没有把自己的观点强加于人，也没有强行指责对立的观点，而是列出真实可信的事实和逻辑，让读者自行判断理论的真实性。

《物种起源》发售当天，第一版1250本被抢购一空。火爆的销售情况让出版商后悔不迭，两个月后，加印的3000册也迅速售光。而作者达尔文却无暇领略自己著作的销售盛况，他此时正在唐恩庄园里承受着身心的折磨。

*

达尔文工作室左侧的扶手椅，上面摆放着第一版《物种起源》。

著作完成之时，他再次病倒了。达尔文已经记不清自己生病的次数了，每一次遭遇压力时一定会导致各种不适症状的侵袭。而这一次他出版《物种起源》和此前在林奈学会发表论文不可同日而语，面临的将会是什么样的反对声浪，无从得知。他一度怀疑选择此时出版著作是否恰当，甚至谨慎地没有在书中提及人类起源这个敏感的论题，但当他坐在庄园外的长椅上，回想起环球航行的所见所闻、所思所想，脑海中浮现出女儿安妮的可爱模样，他终于坚定地握紧颤抖的双手，不再犹疑。为了真理，他不惧狂风暴雨。

风暴前夕

狂风暴雨的前奏一定是乌云密布。从《物种起源》出版那一天起，英国的学术界、宗教界和社会各界，上至皇室下至平民，都在议论关于进化论的话题。进化论的思想并不是凭空而来，但直到达尔文出版这部论著，才真正把这个由来已久的争议理论置于风口浪尖。

在达尔文所在的 19 世纪以前的漫长历史中，欧洲人的思想一直处在天主教和基督教的统治之下，最基本的两个论调就是"神创论"和"人类中心说"。《圣经》中的《创世记》里写着，上帝在宇宙诞生之初用五天时间创造了世间的万物，第六天创造了人类，第七天休息。随后，由于人类的罪孽深重，上帝制造了"大洪水"以图毁灭全人类。只有正直的诺亚由于制造了巨大的方舟，使得家人和带上方舟的飞禽走兽得以活命。以后的人类和万物都是这些幸存者的后代。"人类中心说"则认为人是万物之灵，世间的所有物种都是上帝为了服务人类而创造的。而欧洲人更是借助宗教的力量，把白人推上最高贵的地位，认为非洲黑人、美洲印第安人和亚洲黄种人等有色人种都是低等人种，理所应当被白人压榨和奴役。

随着 15 世纪的文艺复兴运动和 17 世纪的启蒙运动的兴起，欧洲的自然科学、人文哲学、艺术等领域都发生了颠覆性的变化。欧洲人开始逐渐改变对人类世界各个方面的认知，宗教对人类思想的控制已经动摇。

随着哥白尼"日心说"的提出，以及其后众多科学家在天文学、物理学、哲学上的探索，人类固有几千年的"静态世界观"逐渐被"动态世界观"所取代。紧随其后，博物学家们在地质学和生物学上的发现与思考，渐渐触及了物种形成和人类起源的问题。

18 世纪，不少科学家先后提出了关于地球历史、物种变化和人类起源的种种假说，但这些假说都只停留在没有有力论据的猜想层面。1809 年，法国博物学家让-巴蒂斯特·拉马克出版了《动物学哲学》，书中提出：动物种群依靠"用进废退"和"获得性遗传"逐渐形成了由低到高的等级序列；为了适应环境的变化，动物通过自身演变导致了现在动物界的多样性，而人类也处在演化过程之中。对于拉马克的核心观点"用进废退"，他用实际物种来假设说明：长颈鹿原产于非洲，本来这个物种没有现在的长脖子，由于食物来源越来越少，它们不得不尽力伸长脖子去获取更高位置的树叶，经过漫长的进化从而获得了如今的长脖子性状，并通过遗传将这个性状延续至今；相反地，生活于地下的鼹鼠，由于常年不见阳光，导致眼睛这个器官逐渐退化，最终演变成如今的全盲性状。

如今来审视，拉马克的"用进废退"和"获得性遗传"观点，不如达尔文的"自然选择"理论合理。同样是长颈鹿的例子，达尔文的理论认为，长颈鹿的祖先拥有或长或短不同形态的脖子，基于环境影响下的生存斗争，短脖子长颈鹿的种群逐渐灭绝，有着更长脖子的长颈鹿因为能够取食更多的树叶得以存活，乃至通过种群的性状遗传和世代繁衍形成了现在的长颈鹿物种。但在那个"神创论"统治的时代，拉马克已经推动了进化论思想的进步。他强调了生物不是一成不变而是动态的，而且已经把人和动物的距离逐渐拉近。在当时的法国，拉马克的理论受到了学术泰斗、自然学家乔治·居维叶的猛烈抨击。居维叶根据地质断层的现象，用"剧变论"打压了拉马克的"渐变论"，并强烈反对拉马克的进化论思想。

与此同时，英国地质学家查尔斯·莱尔提出了"现代渐变论"，认为地质形态是受到火山、地震、海啸等影响逐渐形成的，而其一旦形成就将基本不变，相应地，生物种类一旦形成也将固定不变。1844年，罗伯特·钱伯斯匿名出版了《自然创造史的遗迹》，提出了更为先进的"进步进化论"思想，虽然他只是一介书商，但书中先进思想和有说服力的论据引起了社会上很大的反响。钱伯斯受到的抨击除了来自以塞奇威克为首的一众专家学者，还有宗教势力。

在英国，宗教势力的影响与欧洲大陆有所不同。通过 16 世纪英王亨利八世的宗教改革，英国脱离了罗马教廷的管辖，也使王权凌驾于宗教势力之上。1688 年，英国资产阶级和新贵族爆发"光荣革命"，兵不血刃地创立了一个新的君主立宪制国家。至此，英伦三岛上的宗教势力已经被大大削弱，这也是很多进步思想得以在英国出现的原因之一。

但是，宗教思想仍旧根深蒂固地影响着英国社会的方方面面。多少年来，上至皇室权贵，下至平民百姓，无不依循着基督教教义建立社会秩序、阶级层级、伦理规范、道德观念等一系列生活准则。一旦有一种新理论证明"神创论"的虚假，那就意味着推翻了世代被奉为圭臬的基督教教义，很可能造成整个社会体系的崩塌和混乱。除此之外，虽然达尔文的著作中没有直接提及人类起源的论点，但他用众多的论据推导出的理论很明显直接指向一个骇人的观点——人和猿猴很可能有共同的祖先。

所以，达尔文的进化论不仅"谋杀了上帝"，还粉碎了"人类中心说"，动摇了贵族阶层以及全体白人的天生优越地位。人，尤其是高贵的白人，与有色人种、野蛮人、猩猩都是共同祖先的后代，这个结论耸人听闻。英国的学术界和宗教势力都坐不住了，一场激烈的论战一触即发。

乐观是希望的明灯,
它指引着你从危险峡谷中步向坦途,
使你得到新的生命新的希望,
支持着你的理想永不泯灭。

——

查尔斯·达尔文

第十章

1860

论战·尾声

1860年6月30日

牛津博物院图书馆

"达尔文先生曾跟随我在'小猎犬'号上共同度过了五年。"菲茨罗伊用力地按着讲桌开始陈述,"那时,他是一位优秀的年轻学者。可是现在,他竟然背叛了我,背叛了自己,背叛了上帝!他居然写出如此邪恶的书……我要抗议……"菲茨罗伊越说越激动,身体开始发抖,散乱的白发都跟着颤动起来。台下的听众们对他一番语无伦次、没有任何价值的控诉略显不满,发出阵阵嘘声。菲茨罗伊愤愤地走下讲台,掏出一本《圣经》高高举起,不停咆哮着"上帝保佑我!"接下来,真正的重量级角色终于登场了……

正反两方

《物种起源》的出版,犹如一石激起千层浪。英国科学界和宗教界的反对人士纷纷摩拳擦掌,随时准备对达尔文及其理论展开口诛笔伐甚至是恶毒嘲谤。反应最激烈的无疑是笃信基督教的人们。

《物种起源》出版不久,《英国科学协会会报》发表了一篇用心险恶的书评,把焦点集中在"人类起源"这个最为敏感、最容易激怒卫道士们的话题上。文中并没有任何从科学角度的质疑,而是充斥着歪曲真理和煽动情绪的语句,最后竟然声称"应该把他(达尔文)交给神学院、大学、教堂和博物院去摆布才是"。果不其然,那些身着黑袍的教士们早就按捺不住激愤的心情,恨不得把达尔文推上火刑架。达尔文看到书评后愤怒地向胡克表示"他们一边堆好木柴,一边通知那些穿黑袍的野兽们来抓我"。

这时,英国宗教界的一位重量级人物出场了。时任牛津大主教的塞缪尔·威尔伯福斯,出身贵族家庭,毕业于牛津大学,由于形貌英俊且谈吐优雅,曾被英国王室聘为随行牧师。他气质非凡、能言善辩,是当时英国公认的最出色的辩论家。读完达尔文的著作后,威尔伯福斯表示《物种起源》"在所有著作中是最不合逻辑的",并宣称"人是根据上帝的形象被创造出来的,人类起源于野兽的观点是对人的侮辱"。随后,他率领其门徒在英国各地巡回"布道",宣扬进化论思想的"荒谬",斥责达尔文的理论是"亵渎神灵的异端邪说",绝不认同"猴子成了我们的祖先"。他们把达尔文咒骂成亵渎《圣经》的十恶不赦的魔鬼。

实际上，达尔文对宗教界的威胁并不在意，毕竟当时的英国和200多年前对维护日心说的布鲁诺施以火刑的意大利已经不可同日而语。英国社会不可能再出现烧死异教徒的情况，卫道士们再疯狂的"吠叫"，也只是来自舆论上的压力，何况那些人没有科学依据的诽谤是没有足够说服力的。达尔文最在意的还是来自科学领域的声音。

最先站出来反对达尔文进化论思想的就是他的剑桥大学老师塞奇威克。这位生性保守的老教授读罢达尔文的赠书后，回信表示"感到的痛苦多于快乐"，并认真地告诫达尔文"应坚信上帝的神创论，否则就不能在天堂相见了"。塞奇威克虽然反对达尔文的学说，但没有影响到两人的师生之谊，他针对的只是达尔文的理论。他不仅在学术杂志上发表文章反驳，还在剑桥哲学会上猛烈抨击进化论学说。同在剑桥的达尔文的恩师亨斯洛，虽然对进化论思想也不能完全认同，但是他仍然在会议上反驳塞奇威克的论调，为达尔文的理论辩护。

比起正直爽快的塞奇威克教授，理查德·欧文教授的行为就没那么光明正大了。达尔文在环球航行时就开始把收集的古生物化石寄给欧文作研究之用，回国后的20年间，更视其为学术上的导师和同人。欧文和达尔文的分歧源自人类在动物界的位置问题。欧文一直以来的观点是，人类应归属于哺乳动物纲下的一个单独的亚纲，以区别于猩猩、猿猴等其他灵长类动物。他的依据是人类的大脑构造与其他灵长类完全不同。但是欧文并没有仅在科学层面上反驳达尔文，更是在暗中做着诋毁、中伤的行径。他不仅自己撰写匿名文章，还为主教威尔伯福斯出谋划策，提供反对《物种起源》的所谓的科学依据。更加令人不齿的是，他还利用莱尔教授对达尔文理论的犹豫态度大做文章，制造莱尔反对达尔文的假象，以图欺骗和愚弄不明真相的人。他竟然怂恿莱尔起来"彻底消灭这种浅薄而又抽象的理论，就像彻底消灭它的孪生兄弟《自然创造史的遗迹》一样"。

如此一来，关于进化论的社会舆论越发汹涌，英国各大报纸纷纷登载反对《物种起源》甚至攻击达尔文本人的文章。就在达尔文四面受敌之时，《泰晤士报》上刊登了一篇匿名文章，发出了捍卫《物种起源》的最强音，瞬间震慑住了反对声浪。文章一开始就明确提出，探讨物种起源问题，一定要在科学的范畴内研究，只能根据事实论据，由常年进行科学研究的专业人士来评判理论的真实性，绝不能任由不相关的人妄加评论。文章高度赞扬了达尔文的理论："这是一个极其巧妙的假说，它使我们能够解释生物在时间和空间的分布方面存在的许许多多的奇怪现象；确定无疑的是，这一假说同生物界的主要现象并不矛盾。"接着，文中还提议新理论应持有"积极怀疑"的态度，敢于质疑正统观点，"这种怀疑态度是高度热爱真理的表现，它既不停留在怀疑上，也不屈从于不合理的信仰"。最后，文章充分肯定了达尔文的理论是建立在大量事实论据之上的，绝不是凭空捏造出的妄想。

达尔文读到这篇评论后备受鼓舞，因为这篇文章不仅逻辑清晰、语句犀利，更重要的是文中严谨、客观的科学态度。他马上给莱尔和胡克去信，询问他们是否知道这篇文章的作者。

莱尔教授对于达尔文进化论的态度十分矛盾。一方面他很钦佩达尔文的学识和勇气，并且也深信自己在地质学上的"渐变论"和物种的连续性特征；但另一方面，他又是一位虔诚的基督教"唯一神"教徒，不愿意承认颠覆宗教的进化论思想。可是思虑再三，莱尔教授最终选择了和真理站在一起。作为一个基督教徒，他在给达尔文的信中勇敢地写道："在进化论被证明之前，让我们保持冷静，也许这个理论在未来将被确立。"

达尔文的好友胡克，自然是进化论坚定的支持者。他读完《物种起源》后，马上就给达尔文送去贺信，信中兴奋之情溢于言表："这本皇皇巨著对于奇妙的事实做了本质上的严密推理；它如此美妙，必将会获得非凡的成功。"

三人对那位匿名作者的身份都不能确定，但是根据犀利的文字和专业的知识推断，可能性最大的人选就是达尔文的好友——赫胥黎。

托马斯·赫胥黎，1825年出生于一个普通的教师家庭。在他10岁那年，由于父亲失业而被迫退学，15岁时做医生学徒。学徒期间，他不仅学习医学，还自学了拉丁文、德文和美术，后经医生推荐获得奖学金而进入医学院深造。21岁时，赫胥黎作为助理军医随"响尾蛇"号军舰到东南亚和澳大利亚考察。1850年回国后，他在伦敦矿

*
托马斯·赫胥黎（1825 ~ 1895）。

业学校教授自然科学，次年便进入皇家学会。在学会活动的交流中，基于相似的海外考察经历和学术思想，赫胥黎和达尔文很快就成为至交好友。赫胥黎思维敏捷、文风泼辣，且口齿清晰、语言犀利，具有超强的雄辩能力，被公认为卓越的演说家和斗士。他读了达尔文寄赠的《物种起源》后，充满激情地写信给达尔文，表示"致以最衷心的感谢，因为你给了我大量的新观点"，并宣称要为支持达尔文的理论而随时"准备接受火刑"。他同样预感到围绕《物种起源》将会有一场激烈的斗争，因此对达尔文说：

如果我没猜错的话，等待你的将是无数的辱骂和诽谤，希望你不要为此感到厌恶和烦恼。你应该坚信，你已经博得了一切有思想的人们的永久感激。至于那些狂吠之犬，你要相信你的朋友们还有一定的战斗力。我将磨利我的爪和牙，时刻做好战斗的准备。

甘愿做"达尔文的斗犬"的赫胥黎，不仅有着捍卫真理的巨大勇气，还有敏锐的目光。他深切地知道，自己的那篇文章必然会引来反对势力的疯狂反扑。等待他和达尔文的可能不只是文字上的争论，还会是一场短兵相接的战斗。

牛津大辩论

1860年6月，英国科学协会在牛津博物院召开年度大会，《物种起源》不出意料地成为中心议题。达尔文因身体原因未能出席，但是主教威尔伯福斯为首的一干人等可是有备而来。他们打定主意，一定要在这次会议上彻底扼杀进化论的萌芽。

6月28日的分组讨论会议上，欧文教授率先发起了进攻。他自鸣得意地阐述自己在比较解剖学上的研究成果后，认为黑猩猩和猿猴的大脑结构更为接近，同时都与人类的大脑结构迥异，以此证明达尔文的物种起源学说推断出的人猿共祖假说是不可靠的。由于欧文教授的学术权威地位，再加上当天与会人员大多为社会人士而非专业学者，于是他的发言马上获得大多数人的赞成。赫胥黎当即站出来发表了反驳意见。赫胥黎表示，自己是学医出身，而且最近几年都在解剖领域潜心研究人类、黑猩猩和猿猴的大脑结构，结果表明黑猩猩的大脑结构更接近于人类而不是猿猴。在赫胥黎的有力反证和追问下，欧文不置可否，没办法给出令人信服的说明。会议主席也只好息事宁人，宣布暂时休会，与会的反对派势力也偃旗息鼓。正反双方的第一轮对决未分胜负。以当时的生物科学水平而言，还无法准确描述人类和黑猩猩在生物学分类上的关系。直到20世纪上半叶，随着基因和DNA的研究发现，科学家们才获知人类和黑猩猩的基因相似度很高。事实证明，达尔文和赫胥黎的观点是正确的。

6月30日，协会召开全体大会。当日正值星期六，会议厅里人满为患，过道里、大门口、走廊里挤满了市民、大学生和来自各地的基督教徒们，连协会会员们都没有座位了。大会组织者不得不临时把会场改在容纳上千人的图书馆大厅。当天的会议主席是德高望重的亨斯洛教授，这也是正反双方都认可的人选。会场逐渐安静下来后，亨斯洛宣布会议开始，请学者们发言。这时，一名身着戎装的将军冲上讲台。

亨斯洛一眼认出这位老朋友，昔日"小猎犬"号舰长、如今已晋升为海军中将的菲茨罗伊。菲茨罗伊已头发花白，却仍旧一副高傲的贵族气质。他情绪激动、语无伦次地控诉达尔文的进化论亵渎上帝、诋毁造物主的罪行，并忏悔自己当初为什么要和异教徒共事五年。菲茨罗伊不停地咆哮着，发泄着心中的不满，但始终说不出一句有价值的论点。最终，在听众们的一片嘘声中走下台，仍旧挥舞着手中的《圣经》，不断喊着"上帝保佑我"。

菲茨罗伊愤怒地走出会场，也从此消失在人们的视野里。当初，他远航回国并出版航海志以后，为表彰他的功绩，曾被英国政府任命为新西兰总督。可是仅过了两年，就因解决当地种族冲突不利而被召回国。随后，他又进入皇家学会，参与了气象统计工作，并建立了很多气象站，通过电报把气象信息传回伦敦，被后世视为天气预报的先驱。自从牛津大辩论结束后，菲茨罗伊的心情每况愈下，事业上屡受打击，经济上负债累累，逐渐患上了抑郁症，于1865年自杀身亡。达尔文和"小猎犬"号的老船员们获悉后，发动了捐款以接济他的家人渡过难关。罗伯特·菲茨罗伊，这位达尔文的亲密战友，叱咤一时的性情中人，却落得如此悲惨的结局，不禁令人唏嘘。

回到牛津的辩论会场，菲茨罗伊的暖场闹剧刚一结束，真正的主角马上登场了。一袭黑袍、气质不凡的大主教威尔伯福斯缓步走上讲台，在他的众多信徒们的欢呼声中开始讲演。主教大人不愧是辩论高手，很懂得演讲的技巧，甫一开口，他先利用宗教身份煽动起信众们的愤怒情绪。随即他举出了生活中的所谓事实，来反驳进化论的学说，他声称世界上的一草一木、鸟兽人畜都源自远古的原生细胞这一理论简直是无稽之谈，这就让科学认知有限的听众们无比认同、欢呼雀跃。由于达尔文没有出席，在演讲的最后，威尔伯福斯只得把酝酿已久的撒手锏抛向了赫胥黎。他指着坐在前排的赫胥黎质问道："赫胥黎先生，您是一心一意追随达尔文先生的，想必对人类起源于猿猴的理论深信不疑。那么请问，您从猿猴身上继承的血统是来自您的祖父和祖母之中的哪一脉呢？"

主教的侮辱性质问令会场一片哗然。赫胥黎却镇定自若，还和身边的朋友耳语道："主教先生这下落到我的手里了，看我怎么收拾他。"与此同时，主教的信徒们开始起哄，不停喊着"赫胥黎！赫胥黎！"所有人的目光都聚焦在赫胥黎的身上。赫胥黎感觉时机已到，不慌不忙地走上讲台。

赫胥黎先是礼貌地向主席亨斯洛致意，随后转向听众们，说出了他的开场白："女士们、先生们，尊敬的威尔伯福斯主教刚刚在这里作了一场无与伦比的奇妙演说。本人对主教大人早有耳闻，今日一见，真是大开眼界。主教大人演说的奇妙之处就在于，他能用无知来反驳真理，还如此信誓旦旦！至于主教先生对我提出的问题，无论是侮辱还是嘲讽，我都不会介意。"紧接着，他重申了这是一场有关科学理论的辩论会，绝不是宗教的传道会。随后他用丰富的博物学知识，把威尔伯福斯举出的蹩脚论据一一驳倒，赢得了在场具备一定科学常识的学者、学生们的掌声。然后，赫胥黎详细介绍了达尔文的环球考察之旅和二十多年著书艰难的心路历程，又历数了《物种起源》中大量的事实依据以说明进化论的真实性与先进性。随后，他把话题引回到主教提出的质疑，也是大众最为关心的人类起源问题。他指称人猿共祖是有科学根据的，并不是笃信宗教教义就能视而不见的事实，也不应该以此为耻。最后，赫胥黎慷慨激昂地说出了他的结语："我宁可承认我的血统来自猿猴，而不是一个利用自己的威望、用轻浮口吻对待严肃的科学问题的人！"

赫胥黎的话音刚落，会场里响起了雷鸣般的掌声。在座的学者和大学生们都异常兴奋，威尔伯福斯主教却哑口无言，他的信众们也像泄了气的皮球一样神气不再。随后登台的是达尔文的好朋友胡克教授，他的演讲虽然简短，但用他擅长的植物学知识再次支持了达尔文的进化论学说，驳斥了主教的无稽之谈。听众们报以同样热烈的掌声。

结果再明显不过了，赫胥黎和胡克胜利了，达尔文胜利了，进化论胜利了！

此次名垂史册的大辩论中，赫胥黎居功至伟，他用智慧和勇气为《物种起源》和进化论保驾护航。在随后的岁月里，赫胥黎仍在不断地进行相关的科学研究，先后出版了《人在自然界位置的证据》《进化论和伦理学》等著作，来进一步支持达尔文的理论。后世对赫胥黎的评价是：如果达尔文的进化论是一只蛋，赫胥黎就是孵化这只蛋的母鸡。

步履不停

牛津大辩论刚一结束，胡克就把喜讯写信告知了达尔文。达尔文马上回信给胡克和赫胥黎表达感谢，由此对进化论的思想更加充满信心。达尔文并没有被辩论大获全胜的喜悦冲昏了头脑，他很清楚进化论作为一项新理论是进步的，但它还很不完善，尤其是《物种起源》一书中没有彻底阐述清楚的人类起源问题。于是，他一如既往地投入这个难题的研究当中。

摆在达尔文面前的是一个几乎无法探知的难题。他通过解剖学的结论已经认识到，人的手、蝙蝠的翼、海豚的鳍、马的腿的骨骼构造如出一辙，这些证据有力地诠释了物种同源理论。而黑猩猩、猿猴等灵长类动物有着和人类极其相似的肢体和大脑构造、行为能力甚至情绪表达，但唯独没有人类独有的高级心智和道德观念。达尔文冥思苦想这些终极问题，始终没有进展，他苦恼地表示要搞清这个问题的答案，也许就像是"一只狗去揣测牛顿的思维"。

在达尔文愁眉不展的时候，进化论也遇到了新的反对声音，而让达尔文想不到的是，这些声音却来自昔日的好战友们。1863年，莱尔教授发表了《人类古老性的地质学证据》，文中揭示了人类与已经灭绝的古代哺乳动物同时生活的证据，大大延长了此前学界认定的人类存在历史。但是莱尔得出的结论却是，人类在远古的某个时点，经过意外的突变成为高级动物。这与达尔文的进化论学说阐述的人类经过漫长时间的演化过程背道而驰。达尔文万万没想到，自己的进化论启蒙于莱尔的地质学"渐变论"思想，可如今莱尔却把这个演变过程归因于间断和跳跃的突变。紧接着，和达尔文同时创立"自然选择"学说的华莱士，也开始热衷于所谓"灵性"的研究，不断参加宗教色彩浓重的"降灵会"，试图用"神迹"来解释人类的起源。

达尔文看到莱尔等人的文章，气得浑身颤抖，继而又开始呕吐、眩晕，熟悉的病魔再次袭来。1863年8月，达尔文在妻子爱玛的陪同下，又来到了莫尔文矿泉村疗养。在他身体稍稍转好后，夫妇二人来到附近的墓地，看望长眠于此的爱女安妮。令他们惊讶的是，安妮的墓碑居然不见了。经过多方打听，二人才在一片树荫下的草丛里，找到了爱女的墓碑。达尔文望着陈旧、斑驳的墓碑，颤抖着拂去上面的枯叶和苔藓，终于忍不住放声大哭起来。爱玛也难掩悲伤，跪下来紧紧抱住了丈夫的肩膀。

从莫尔文返回唐恩庄园时，已近深秋时节，达尔文的病情越来越重。正在此时，好友胡克来信，诉说了刚刚失去6岁女儿的哀伤。达尔文又想起了自己的爱女安妮，心情雪上加霜。他颤抖的双手甚至不能给胡克回信，只能口述，由妻子来代笔。

老年达尔文。

此时的唐恩庄园里，孩子们或成家，或上学，都不在达尔文身边，只有爱玛始终用爱和勇气呵护着他。她就像两人刚结婚时一样，照顾达尔文的饮食起居，为他弹钢琴，为他读诗，天气好的时候就用轮椅推着他在那条树林外的"思想之路"上散心。妻子的爱再次帮助达尔文渡过了难关。

随后的几年里，达尔文不顾60岁的高龄，仍然笔耕不辍，始终在进化论的道路上不断耕耘。1868年，达尔文出版《动物和植物在家养下的变异》，探讨了动植物变异的原因。1871年，经过3年的潜心研究，《人类的由来及性选择》出版了。达尔文在该书中详细地解释了人类的起源可能性，也用一系列论证解释了多年前困扰他的人类心智和道德等特性的形成原因。他认为，通过人类、猿猴甚至是狗的胚胎图谱可知，在不同物种的胚胎发育期有着极强的相似度，而随着后天的适应环境的需要，人类得以脱颖而出；首先是手的结构发生变异，更有效地获取食物，然后是直立行走的出现导致了脊柱和骨盆的变化，接着由于这些器官变化最终引发了头部骨骼肌肉的演变，导致人类脑容量的剧增，直接影响了智力的发展；而现代人类所谓的道德、仁爱等复杂情感，则是由于发达的大脑对记忆的不断反思产生的思维方式。由于进化论的思想在学界已逐渐被认可，所以这本书出版后并没有出现反对的声音。于是，达尔文又在1872年出版了《人类和动物的表情》，1875年出版了《食虫植物》，1876年出版了《植物界异花传粉和自花传粉的效果》。在年过六旬的岁月里，达尔文似乎在和时间赛跑，与病魔抗争，拼尽力气把毕生所学倾注在一部部著作中。

与世长辞

随着一部部著作的接连出炉，达尔文在学术界的地位与日俱增，进化论思想已被学术界充分认可。英国、欧洲乃至世界各地的学术机构纷纷授予达尔文荣誉学位。可与之不匹配的是，达尔文在社会上的形象还是处于不被认可乃至被歪曲的境况。专业的科学家们可以理解进化论的理论根据，可被基督教教义控制上千年的普通大众，却没那么容易就全盘接受如此深奥的科学思想。19世纪70年代，社会上不断出现讽刺、调侃达尔文的文学作品，一幅幅头部像达尔文、身体却是黑猩猩的半人半兽形象的漫画更是屡见报端。1877年11月，剑桥大学授予达尔文荣誉学位，他欣然前往。可当他走进大学礼堂时，却尴尬异常。现场被人恶意地装饰成马戏团的样子，还有人用绳子牵着一只猴子走来走去。达尔文尽力克制住颤抖的双手，坚强地完成了自己的演讲。他知道，进化论从诞生之日起，就不会一帆风顺。

在此之后，达尔文彻底告别了一切社交活动，在唐恩庄园里安度晚年。当他带着孙辈在庄园外的树林里挖土、观察蚯蚓时，不由得感慨地想起最初开始研究蚯蚓的习性时，还是结婚前的毛头小伙，如今已是白发苍苍。1881年10月，《植物壤土和蚯蚓》出版，这也是耗尽达尔文精力的最后一部著作。

这一年，哥哥伊拉斯谟斯去世，达尔文出席了葬礼。

*

讽刺达尔文的漫画。

*

英国《Punch》杂志于 1881 年 12 月 6 日刊登的讽刺达尔文学说的漫画"人类不过是虫子"。

已垂垂老矣的他一袭黑衣，勉强站立着，面露哀伤之色，送别那从小带他进入科学大门的亲爱兄长。随后，他的健康每况愈下，已经无法看书和写字。1882年3月初，达尔文在沙径散步时突发心绞痛，随即卧床不起。

一代巨匠的生命之火燃到了尽头。1882年4月19日凌晨，达尔文突然病发，唤醒身边的爱玛说："我很难受，如果你醒着，我会好受些……"说罢，达尔文随即陷入了昏迷。当他再次醒来时，吃力地对妻子说道："告诉孩子们，永远记住他们一直以来对我的好。我一点都不害怕……"爱玛此时也明白丈夫已到了最后的时刻，她依然用无比的坚强控制着自己即将崩溃的情绪，温柔地安抚着达尔文。凌晨3点25分，达尔文重重地呼出了最后一口气，仿佛卸下了背负一生的重担，与世长辞，享年73岁。

在孩子们的眼中，母亲爱玛无论何时都能保持高度的镇定。她平静地处理了丈夫的一切后事。英国政府和科学界没有忘记这位伟大的学者，为达尔文举行了国葬。4月26日，达尔文的遗体被安葬在威斯敏斯特大教堂墓园，他的墓碑与伟大的牛顿、法拉第、赫歇尔同列。当天扶柩送葬的有达尔文生前好友胡克、赫胥黎、华莱士以及皇家学会主席、剑桥大学校长、美国大使等人。参加葬礼的皇家学会、林奈学会成员以及科学界的代表、伦敦市民都见证了达尔文的荣耀。

在葬礼当天，爱玛并没有出席，她也被巨大的悲痛击倒了。但是她顽强地坐着轮椅来到了他们夫妇常走的沙径上，看一看道边的野花，读一读达尔文留下的信件。

从相恋、结婚、生儿育女,一直到生死两隔,相濡以沫40多年,只有他们二人深切地知道此中的幸福和痛苦,奋斗与挣扎,矛盾与妥协,勇气与执着,成就与磨难。此时的爱玛已经可以放下悲痛,满怀欣慰。后来的日子里,爱玛搬出了唐恩庄园,与儿孙们住在一起,享受着天伦之乐。1896年10月,爱玛平静地离世。在她人生最后的一段日子里,经常会回到唐恩庄园看看老宅。她独自漫步庄园外的山谷中,在当年和达尔文以及孩子们最爱去的"兰花坡"上,欣赏着那不曾变化的美丽景色,不由得默默诵读起《物种起源》中最后的一段结语:

对着缤纷复杂的河岸凝神沉思是件趣事,植被覆盖其上,群鸟鸣于灌木,昆虫各司其职,蠕虫爬过湿地,展现出如此精妙的构造,彼此不同,又互相依存,在我们身边演绎着同一法则。这个法则的主旨就是,生命由繁殖而生长;繁殖中隐含着遗传信息;由于生存条件的直接或间接作用,以及器官的用进废退而导致变异;过度繁殖引发生存斗争,从而导致自然选择、性状分异及改良滞后种群的灭绝。于是,通过自然界的战争,从饥馑和死亡中,孕育出自然界最高贵的种群,意即高等动物应运而生。生命的图景如此壮丽宏阔,而最初它的不同性状仅被注入一个或几个类型;当这个星球一成不变地依照引力法则运转不息时,生命从最简单的元初样貌演变出无穷无尽的美妙形态,而且这一进化过程仍在继续。

*

社会各界为达尔文举行了盛大的葬礼。

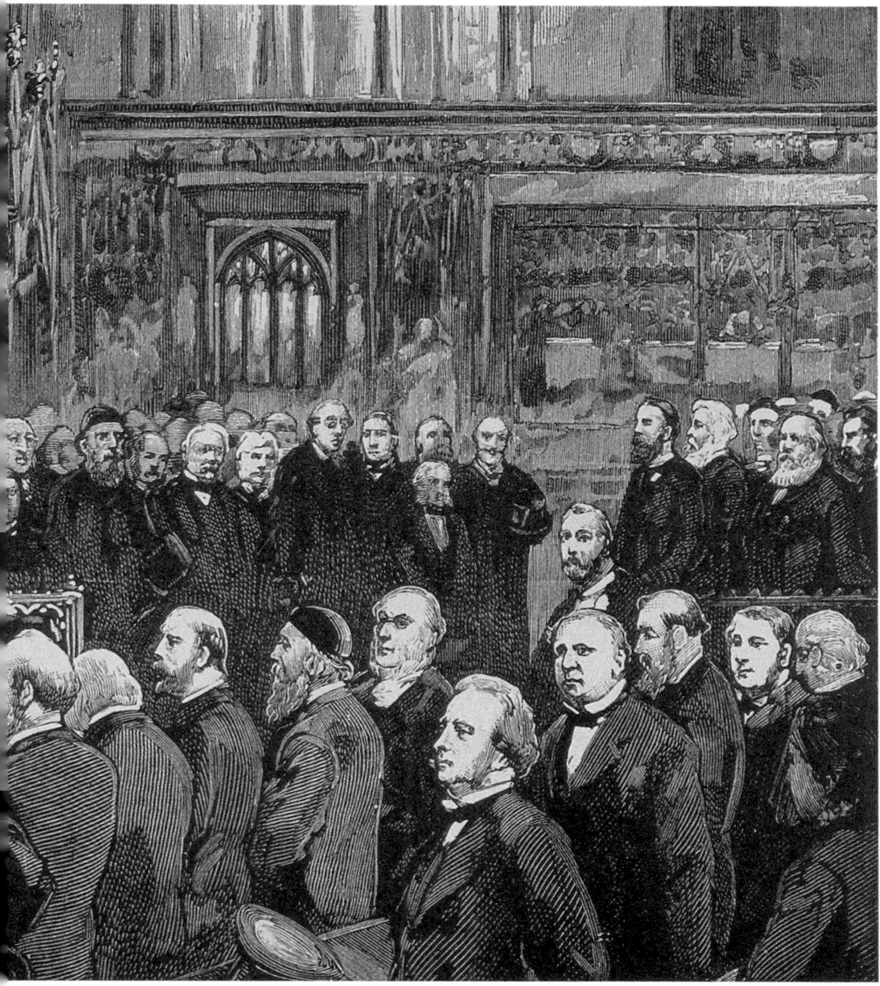

后记

1867年,马克思的《资本论》第一卷在汉堡出版,书中两处引用了《物种起源》中的内容。随后,马克思寄赠给达尔文《资本论》一书,表示正是达尔文的进化论思想,让自己找到了社会变革理论的自然科学理论基础,并赞颂《物种起源》是"划时代的巨著"。

1894年,北洋水师在中日甲午海战中惨败。时任北洋水师学堂总办的严复,目睹了这一近代中国历史上的重大失败,不禁为长眠于海底的将士们扼腕,也为国运忧心忡忡。严复曾于1877年在英国皇家海军学院进修,不仅学习了西方先进的军事知识,也接触到了先进的学术思想。由甲午战争的惨败,严复意识到,仅仅依靠做强表面上的军事力量,不足以抵抗列强的欺凌,而更重要的是启发民智、变法维新。除了发表《论世变之亟》《原强》《辟韩》《救亡决论》等文章倡议维新救国,严复还决定进一步把西方的先进科学理念引入中国。在英国留学期间，严复已经拜读过达尔文的《物种起源》，并深表钦佩。但由于这部著作太过专业，他选择了赫胥黎的著作《进化论与伦理学》。严复经过翻译、整理和筛选，并添加了符合当时中国国情、锐意革新的内容，于1898年出版了该书的中文版，取名为《天演论》。在书中，严复把进化论思想高度精准地概括为八个字——"物竞天择、适者生存"。严复把一本纯科学著作，变成了科学结合时事的政论。他阐述了在当时列强林立、弱肉强食的世界环境中，中国唯有变法维新、强国强民才能得生存的道理。《天演论》甫一出版，即震撼了神州大地。国人们，尤其是年轻学子，读后无不为之振奋。著名革命家章炳麟评价道："自严氏书出，而物竞天择之理，厘然于人心，中国民气为之一变。"维新变法的先驱康有为、梁启超等人也都对《天演论》大加褒奖。《天演论》以及进化论思想惊醒了沉睡的国人，推动了维新变法的进程，拉开了救国图存运动的序幕。

由此可见，达尔文的《物种起源》及其进化论思想，并不仅在生物学领域成为理论经典，同时也启发众多学者在政治、经济、社会、哲学、伦理等众多不同领域中衍生新的观点和学说。

《物种起源》出版100年后，20世纪60年代的众多科学家经过多年研究，发现了生命的基本物质——DNA，并进而发现了DNA之中携带的遗传密码——基因。正是基因的复制与突变，完成了生命的遗传和变异过程。

达尔文的进化论得到了后人完美的解释和验证。恩格斯曾把达尔文的进化论学说评价为"19世纪自然科学的三大发现之一"。达尔文的伟大功绩足以与伴他长眠于威斯敏斯特大教堂的伟大科学家牛顿比肩。可以这样说，牛顿创立的一系列物理学理论就像一座金字塔的基座，经过后人的不断推翻和改进，层层加高后使人类得以触碰到更高深的宇宙间的自然科学真理；而达尔文的学说则像一座古罗马神殿，后人不断地验证、丰富、扩展他的学说，却始终不曾脱离他筑造的框架。

达尔文在生物科学上的贡献无与伦比，同时我们也为他的奋斗精神而动容。5年环球航行的危险艰辛，长达50年的病痛折磨，爱情与信仰的矛盾挣扎，来自学界和社会的巨大压力，从不曾动摇过他对进化论研究的决心。直到去世前半年，他仍在坚持写作，怎能不让人钦佩？

对于青少年学子来说，科学家与科学理论似乎有些触不可及。我们可能无法像达尔文那样著书立说，也可能无法真正参透《物种起源》的意义，但我们完全可以像他一样，时时刻刻保持对大自然的好奇心。大自然是值得敬畏的，同样也是值得亲近的。达尔文从幼年玩耍、青年求学、环球航行、创立学说，一直到晚年，每时每刻都在观察、研究身边的大自然。一草一木、一只甲虫、一只蝴蝶、一块化石、一只鸟雀、一只乌龟，是达尔文毕生的研究课题，也应该是今天的青少年们认识世界的窗口。达尔文给我们留下的身影，是一位步履蹒跚，蹲在地上翻动土里蚯蚓的老者。虽已白发苍苍，内心却仍是少年。

图书在版编目（CIP）数据

达尔文 / 张燕波编著. -- 北京：中国青年出版社，2021.1
（杰出人物的青少年时代）
ISBN 978-7-5153-6278-6

Ⅰ. ①达… Ⅱ. ①张… Ⅲ. ①达尔文（Darwin, Charles 1809-1882）－生平事迹－青少年读物 Ⅳ. ① K835.616.15-49

中国版本图书馆 CIP 数据核字（2020）第 262895 号

总策划： 皮钧　陈章乐
责任编辑：彭岩
封面设计：小马哥
出版发行：中国青年出版社
社址：北京东四十二条 21 号
邮政编码：100708
网址：www.cyp.com.cn
门市部：010-57350370
编辑部：010-57350407
印刷：北京科信印刷有限公司
经销：新华书店
开本：880×1230　1/32
印张：7
字数：100 千字
版次：2021 年 1 月北京第 1 版
印次：2021 年 1 月北京第 1 次印刷
定价：32.00 元

本图书如有印装质量问题，请凭购书发票与质检部联系调换
联系电话：（010）57350337